입학
사정관제의
정석

나만의
독서 포트폴리오
만들기

입학사정관제의 정석

나만의 독서 포트폴리오 만들기

1판 1쇄 발행 ｜ 2011년 1월 3일
    3쇄 발행 ｜ 2013년 3월 25일

지은이 ｜ 송태인, 이성금

펴낸이 ｜ 김영선
기획·편집 ｜ 이교숙
디자인 ｜ (주)다빈치하우스- 손소정
펴낸곳 ｜ (주)다빈치하우스- 미디어숲
주소 ｜ 서울시 마포구 합정동 362-5 조현빌딩 2층 (우121-884)
대표전화 ｜ 02-323-7234
팩스 ｜ 02-323-0253
홈페이지 ｜ www.mfbook.co.kr
출판등록번호 ｜ 제 2-2767호

값 15,000원
ISBN 978-89-91907-34-8 (13370)

이 도서의 국립중앙도서관 출판시도서목록(CIP)은 e-CIP 홈페이지
(http://www.nl.go.kr/ecip)에서 이용하실 수 있습니다.(CIP제어번호: CIP2010003984)

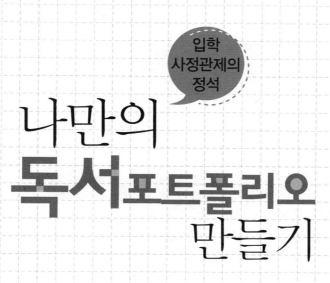

입학 사정관제의 정석

나만의 독서포트폴리오 만들기

송태인 · 이성금 공저

미디어숲

독서는
교과활동과 체험활동을
가로지르는 스펙이다

특수목적고 입시의 자기주도학습전형과 대학 입시의 입학사정관전형에서는 독서활동을 중요한 스펙으로 인정하고 있습니다. 하지만 창의적 체험활동으로서의 독서는 지식의 양을 중시했던 기존의 정량독서와는 다릅니다. 새 제도에서 요구하는 독서는 비전설계역량, 인성역량, 리더십역량, 전공소양 등 잠재가능성을 보는 정성평가의 증빙자료로 활용하기 때문입니다.

이 책의 특징은 입학사정관제에 맞는 독서활동과 포트폴리오를 작성하도록 돕는 데 있습니다. 따라서 기존독서와의 차이를 명확하게 구분하는 것이 가장 중요한 포인트입니다.

교육은 출발점을 어디에 두느냐에 따라서 결과가 확연히 다르게 나타납니다. 기존독서는 '책'이 중심이었습니다. 선행연구의 지식과 정보를 수용하는 것에 독서활동의 초점을 두었기 때문입니다. 그러나 입학사정관제에서 요구하는 독서는 '나'가 중심이 되어야 합니다. 잠재역량과 성장가능성 등 눈에 보이지 않는 '나'만의 내공을 평가하기 때문입니다.

기존교육의 관점에서 보면 이들 간의 차이는 별것 아닌 듯 보일 것입니다. 하지만 좀 더 세밀하게 들어가서 고민해 볼 필요가 있습니다. 새로운 입시제도의 도입은 기존교육의 틀이 가지는 한계를 극복하기 위한 대안에서 출발했습니다.

입학사정관제에 맞는 3단계 독서법을 제시하고자 합니다. 그것은 teaching독서와 coaching독서 그리고 mentoring독서입니다.

1단계는 teaching독서입니다. 이것은 가장 기초단계로 책이 중심이 되어 책 속의 가르침을 따르는 책읽기 방법을 말합니다. 기존 독서의 전형적인 타입입니다. 2단계는 coaching독서입니다. 이것은 책과 독자가 50:50입장에서 상호 대등한 관계로 접근하는 독서법으로 teaching독서보다는 더 주도적인 책읽기라 할 수 있습니다. 3단계는 mentoring독서입니다. 이것은 자기주도적인 독서법으로 독자의 꿈이 중심이 되는 책읽기를 말합니다. teaching독서는 책이 중심이기 때문에 책의 내용을 얼마나 잘 이해하고 받아들이는가를 중시했다면, mentoring독서는 독자의 비전이 중심이기 때문에 독자의 역량이 주가 되고 책은 독자의 비전을 증빙하는 부차적인 자료로 인식하자는 것입니다. 이러한 독서법은 머리로는 쉽게 이해하지만 실천적으로 받아들이기는 쉽지 않을 것입니다. 왜냐하면 mentoring독서는 기존교육의 수동적 틀을 깨고 자기주도적인 공부마인드를 가질 때 비로소 가능해지기 때문입니다.

이 책은 이러한 변화의 흐름을 반영하는 창의적 체험활동 평가지표에 근거해 입학사정관제에 필요한 10개의 핵심 키워드를 독서활동을 통해 스스로 준비하도록 돕는 프로그램 교재입니다.

그 키워드는 꿈 · 직업 · 전공 · 인성 · 봉사 · 체험 · 아이디어 · 리더십 · 글로벌 · 커뮤니케이션입니다. 이 밖에도 입학사정관제에서 논의되는 대회나 인증 등 스펙의 종류들은 다양하게 있으나, 그 근간은 핵심 키워드에서 크게 벗어나지 않을 것입니다.

10가지 주제는 다시 4단계 멘토링 학습을 거쳐 각 주제별 포트폴리오를 완성해 나가며, 그 개별주제들이 유기적으로 모여 전체 비전포트폴리오를 완성해 가도록 구성했습니다.

멘토링 1단계는 '마음 열기' 입니다. 독서의 동기부분에 해당합니다. 세상과 소통하면서 '나' 의 문제의식을 느끼도록 글과 다양한 발문을 제시했습니다. 멘토링 2단계는 '링크하기' 입니다. 본격적인 책읽기 과정입니다. 책 안의 메시지와 진지한 대화를 나누는 방법을 사례를 통해 제시합니다. 멘토링 3단계는 '교감하기' 입니다. 구체적인 활동에 해당합니다. 머리와 생각에 머무르지 않고 체험을 통해 온몸으로 느껴보는 방법을 제시합니다. 멘토링 4단계는 '창조하기' 입니다. 포트폴리오 작성 과정으로 1·2·3단계를 종합해 나만의 비전을 디자인하는 방법을 학생들의 사례를 통해 제시합니다.

　예로부터 독서활동은 자발적 공부의 핵심이었습니다. 그러나 시대마다 독서교육의 목적과 방법은 달랐습니다. 자기주도학습전형과 입학사정관제는 글로벌시대가 요구하는 소통과 융합의 인재를 발굴하고 그 역량을 키워 실용적 창조인을 만들자는 대한민국의 선진교육 모델입니다. 따라서 그 의미를 살리기 위해서는 기존의 정량적 독서교육의 틀을 깨고, '나의 꿈' 을 성장시킬 수 있는 정성적 독서교육으로 패러다임을 바꿔야 합니다. 정성적 독서는 내안에 고루한 지식을 하나 더 쌓는 게 아니라, 나만의 에너지를 긍정적으로 사용하는 힘을 길러주기 때문입니다. 이러한 관점에서 보면 입학사정관제형 독서는 교과활동과 체험활동을 아우르는 가로지르기 스펙입니다. 부디 이 책이 말없는 수많은 책들의 말문을 열어주고, 나아가 그 이야기가 한 사람의 삶에 희망의 끈이길 간절히 소망해 봅니다.

아침교육연구소 대표 송태인

7

차례

Reading
Portfolio

DREAM

::Chapter 01

꿈,
독서 포트폴리오

과거 개발도상국 상태의 꿈을 깨야,
미 래 지 향 적 인   선 진 국 형   꿈 을   찾 는 다 .

　입학사정관제가 도입된 이후 꿈 찾기와 비전설계에 대한 프로그램
들이 각광을 받고 있다. 입시공부에 치인 학생들이 정작 자신에게 소
중한 이상과 꿈을 등한시한 것을 반성하게 하고, 자신의 미래의 모습
을 긍정적으로 그려보자는 뜻에서다. 늦었지만 다행스러운 일이다.

　그러나 청소년기에 자기를 발견한다는 것은 결코 쉬운 일은 아니다.
자기발견은 '나'와 '세상'이 소통하며, 나만의 정체성을 확보하기 위
한 피나는 노력을 통해서 찾을 수 있기 때문이다. 더구나 기존의 우리
교육문화는 꿈은 이상이요, 비현실적이라 여겼고 성적이 뒷받침되지
않은 꿈은 무모하다는 생각이 팽배한 상황에서 독자적인 자기만의 세
계를 구축해 나간다는 것은 무척 어려운 일이다.

　필자가 현장에서 중고등학교 학생들을 멘토링하면서 느끼는 것은

학생들의 눈은 선진국을 향해 있는데, 교사와 학부모들의 눈은 개발도상국에 머무르고 있다는 사실이다. 똑같은 꿈과 비전이라도 어느 관점에서 설계하느냐에 따라 그 모습은 천지차이다.

최근 만난 고3 학생의 경우를 사례로 들어 보겠다.

필자 네 꿈은 뭐니?

학생 말씀드리기 부끄러워요.

필자 그래, 그럼 대학을 진학한다면 무엇을 공부하고 싶은데?

학생 저는 아이들을 좋아하니까 유아교육과에 들어가서 유아아동에 대해서 공부하고 싶어요.

필자 그렇구나. 그럼 공부를 마치고 사회에 나오면 뭐 하고 싶은데?

학생 뭐, 유치원교사나 하죠.

필자 그런데 처음에 꿈을 물었을 때 왜 부끄럽다고 했어?

학생 좀 그렇잖아요. 유치원교사가 꿈이라는 게…….

위 학생은 자기 꿈에 대해서 왜 당당하지 못한 걸까? 필자가 보기에는 직업을 정했을 뿐, 냉정히 말하면 자기만의 꿈이 없기 때문이라는 판단이 들었다. 이 학생은 단순히 아이들을 좋아하니까 그쪽과 관련된 전공을 선택해서 배우고 졸업하면 당연히 유치원 교사가 되는 것이 코스라고 여겼던 것이다. 기존관념의 눈으로 보면 그리 대수롭지 않은 일일지도 모른다. 자기가 좋아하는 분야가 있고 그에 맞게 전공을 선택해서 괜찮은 대학교에 입학만 하면 된다.

그러나 입학사정관제는 자신에게 당당하지 못한 학생을 원하지 않는다. 자기만의 꿈과 비전이 없는 학생은 대학에 입학해서도 자기주도적인 학습태도를 보이지 않을뿐더러 졸업 후에도 주도적인 역량을 발휘하지 못한다는 판단 때문이다. 하지만 지금 대다수의 학생들은 자신의 꿈과는 상관없는 학과를 선택하고, 취직 전쟁에서 살아남기 위해 열정 없는 학교생활을 하고 있다. 이것이 우리 현실이다. 기성세대는 현실상황에 대한 변화를 냉철히 받아들일 필요가 있다.

다시 위 학생에 대한 이야기로 되돌아가 보자.

필자 그럼, 학생은 언제부터 유치원교사가 되겠다는 생각을 했는가?

학생 사실 초등학교 저학년 때부터 부모님이 봉사활동을 다니시던 고아원에 함께 다녔었는데, 그때 고아원 아이들과 함께하는 시간이 즐거웠어요. 그때부터 막연하지만 유치원교사가 되겠다고 생각했습니다. 그리고 결정적으로는 고2가 되면서 다문화센터 봉사활동 중에 중국학생을 꾸준히 도와주면서 이 길이 내 길이구나 생각하게 되었어요.

필자 그래, 훌륭하구나! 그렇다면 학생이 유아교육학과를 마치고 대학 졸업 후 원하던 유치원 교사가 되었다고 가정해 보자. 그럼 학생은 어떤 유치원 교사가 되고 싶은데?

학생 그냥 아이들과 놀아주면 되잖아요…….

'정말 그럴까? 아이들과 놀아주면 유치원 교사일까? 이런 것이 이 학생의 진정한 꿈일까? 이 학생이 자기 꿈에 대해서 쑥스러워한 근본적인 원인이 이 속에 담겨 있지 않을까? 라는 생각으로 꿈에 대한 본격적인 멘토링에 들어갔다.

필자 졸업 후, 유치원 교사가 되어 아이들과 함께 놀아주는 것도 의미가 있지만, 한 발 더 나아가서 생각해 보자. 학생이 새로운 유치원을 하나 설립한다고 가정한다면, 나만의 어떤 유치원을 만들고 싶은가?

학생 글쎄요, 생각해 본 적은 없는데요. 지금 생각나는 것은 제가 초등학교 때 고아원에서 만났던 아이들처럼 부모의 도움을 받지 못하는 아이들에게 힘이 되어 주는 그런 유치원을 운영하고 싶어요.

필자 그래, 좋아. 학생이 지금까지 생각했던 유치원 교사와 방금 이야기했던 '부모의 도움을 받지 못하는 아이들에게 힘이 되어 주는 유치원 교사'는 다를 것 같은데?

학생 그러게요. 좀 더 멋져 보이는데요.

필자 그래, 꿈은 단순한 직업이 아니라 그 직업을 통해 나만의 세계를 가꾸어 나가는 아름다운 동산이란다.

학생 선생님, 또 생각나는 게 있는데요. 제가 다문화센터에서 봉사활동을 하다 보니까 다문화가정 아이들도 일반 아이들과 달리 손길이 많이 필요한 것 같더라고요. 그래서 말인데요. 다문화가정 아이들을 위한 유치원도 만들어 보고 싶어요.

필자 그래, 이제야 꿈이 무엇인지 알았구나! 꿈은 세상을 긍정적으로 통찰하는 데서 찾아진단다. 내가 태어나서 누군가로부터 많은

것을 받으며 살고 있듯이, 나 또한 인류와 세상을 더 나아지게
하는 데 기여하려는 간절한 마음, 그 속에서 꿈은 성장한단다.

학생 꿈을 구체적으로 세우라는 말의 의미를 이제 조금 알 것 같습니
다. 그동안은 저 자신만의 세계에 대해서 깊이 있게 고민하지
않았습니다.

위 학생은 만남을 거듭할수록 자기만의 꿈의 세계를 구체적으로 그
려갔다. 그리고 꿈이 구체화될수록 자신감이 넘치기 시작했다. 또한
자신이 걸어온 과거를 더듬어 꿈을 튼튼하게 받쳐 줄 다양한 사건과
경험들을 살려 열정적인 태도로 포트폴리오를 작성했다. 처음의 당
당하지 못하고 부끄러워하던 모습은 찾아볼 수 없었다.

꿈을 키우는 일은 신나는 모험이다. 이 땅의 아이들이 모두 신나는
모험을 즐길 때 모두가 바라는 선진국이 현실로 다가올 것이다.

비전과 의욕이 넘치는 사람일수록
드라마틱한 삶의 독서를 즐긴다!

　꿈이 없거나 목표의식이 뚜렷하지 않은 사람들에게는 의지의 인생을 살아온 사람들의 성공 자서전을 권한다. 칠전팔기의 드라마를 타산지석으로 삼아 내면의 주도적인 에너지를 끌어내려는 마음에서다. 그러나 책읽기를 통해 의도적으로 사람의 마음을 움직이기란 여간 쉬운 일이 아니다. 그 이유 가운데 하나는 드라마는 드라마일 뿐이라는 인식 때문이다. 그들의 이야기와 나의 삶은 너무나 거리가 멀다는 뜻이다.

　중학교 3학년 여학생을 둔 학부모의 이야기를 들어 보자.

학부모　우리 아이는 꿈이 없어 걱정이에요. 앞으로 입학사정관제를 준비하려면 꿈을 미리 정하고 거기에 맞추어 스펙을 쌓아야 유리하다던데…….

필자　중3이면 진로와 관련해 고등학교 선택 문제도 있으니 꿈에 대해 본격적으로 고민해야 할 시기인데요. 그동안 이 문제에 대해 학생과 진지한 대화는 해 보셨나요?

학부모　사실 초등학교 6학년 때부터 특목고 준비하느라, 아이나 저나 학원에 올인했었죠. 그런데 특목고 자기주도학습 전형을 보니까 진로에 대해서도 평가하더라고요. 이제 시간은 없고 부모 입장에서 무엇이라도 도와주려고 이렇게 왔습니다.

필자 원래 꿈 비전은 다양한 경험과 체험 그리고 독서활동 등, 긴 시간을 통해 스스로 발굴해 가는 것인데요. 그래도 짧은 시간에 시도해 볼 수 있는 것은 독서활동이 아닐까요?

학부모 우리 아이는 다른 것은 몰라도 독서는 꽉 잡고 있어요. 초등학교 때부터 독서 전문프로그램도 받았고요, 독서상도 많이 받았어요. 물론 지금도 책읽기는 좋아하는 편이고요.

필자 부모님도 잘 아시겠지만 독서활동은 세상에 대한 간접체험이니만큼 그동안 책읽기를 풍부하게 했다면 그 속에서 아이만의 꿈을 발견할 수 있었을 텐데요.

학부모 그러게요. 저도 이 부분은 이해가 잘 되지 않습니다.

유유상종이란 말이 있다. 비슷한 색깔의 사람들끼리 서로 어울린다는 말이다. 꿈 독서도 마찬가지다. 비전과 의욕이 넘치는 사람일수록 드라마틱한 삶의 독서를 즐긴다. 그들의 이야기가 나의 모습이고 싶기 때문이다. 즉, 효과적인 독서는 마음의 바탕이 결정한다는 이야기다. 따라서 꿈 비전을 키우기 위한 독서라면 무작정 책읽기를 강요할 것이 아니라, 먼저 독자의 현재 상태를 점검해야 한다. 갈증을 느끼면 물은 저절로 마시기 때문이다.

나만의 꿈 비전에 대한 생각을 점검해 보자.

첫째_ 나는 내가 좋아하는 것을 간절히 찾고 있는가?

둘째_ 나는 다른 사람보다 더 잘하는 것을 절실히 찾고 있는가?

셋째_ 나는 내가 가치 있게 여기는 것이 무엇인지 정말 궁금한가?

넷째_ 나는 나의 능력이 어디까지인지 확인해 보고 싶은가?

다섯째_ 나는 왜 태어났는지 알고 싶은가?

여섯째_ 나는 다른 사람들에게 자랑하고 싶은 것을 만들고 싶은가?

일곱째_ 나는 다른 사람들에게 인정받고 싶은가?

여덟째_ 나는 미래의 나의 모습에 호기심이 많은가?

아홉째_ 나는 훗날 후회하지 않도록 살고 싶은가?

열째_ 나는 이 세상에서 나를 가장 사랑하는가?

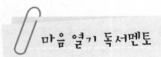

마음 열기 독서멘토

"나를 성직으로 인도한 것은 초자연적인 기적이 아니라 인류에 몸을 바쳐 봉사하겠다는 내적인 충동이었다."

"간디의 사랑과 비폭력에 대한 설득력 있는 이론 속에서 나는 지금껏 찾아 헤맸던 사회개혁의 방법론을 발견할 수 있었다. 나는 간디의 비폭력 저항운동에서 지적인 만족과 도덕적 만족을 얻을 수 있었다."

"약한 사람들, 의사 표현의 기회가 허용되지 않는 사람들, 우리나라 때문에 피해를 입은 사람들, 우리나라가 '적'이라고 부르는 사람들, 인간이 기록한 문서상에는 형제로 언급된 일이 없는 사람들을 위해서 저는 이곳에 왔습니다."

클레이본 카슨 『나에게는 꿈이 있습니다』 중에서

네 소원(所願)이 무엇이냐 하고 하느님이 내게 물으시면, 나는 서슴지 않고
"내 소원은 대한 독립(大韓獨立)이오." 하고 대답할 것이다.
그 다음 소원은 무엇이냐 하면, 나는 또
"우리나라의 독립이오." 할 것이요,
또 그 다음 소원이 무엇이냐 하는 세 번째 물음에도, 나는 더욱 소리를 높여서
"나의 소원은 우리나라 대한의 완전한 자주 독립(自主獨立)이오."
하고 대답할 것이다.
동포(同胞) 여러분! 나 김구의 소원은 이것 하나밖에는 없다.
내 과거의 칠십 평생을 이 소원을 위해 살아 왔고, 현재에도 이 소원 때문에
살고 있고, 미래에도 나는 이 소원을 달(達)하려고 살 것이다.

김구 『나의 소원』 중에서

책 속 멘토와 대화 나누기 **1**

꿈

『멈추지 마, 다시 꿈부터 써봐』 김수영

내용 요약

이 책의 저자인 김수영은 상처투성이다. 그를 둘러 싼 환경과 살가워야 할 사람들에게서 받은 눈총이 온 몸을 멍들게 했다. 아버지의 사업실패, 왕따, 문제아로 낙인, 선생님들의 멸시, 자퇴와 반복된 가출, 암 선고 …… 그러나 그녀는 치유의 능력이 있다. 상처를 통해 깨달음을 얻었기 때문이다. 우리는 모두 특별한 존재이며, 그래서 소중하다는 것을. 상고 최초의 골든 벨 수상자, 연세대 입학, 로열 더치웰 영국본사 입사라는 꿈을 실현하면서 상처에 새 살을 돋게 한다.

'소중한 지구별 여행을 하는 우리는 모두 특별한 존재'라며 진정 원하는 꿈을 가지고 실현해 가는 과정이 얼마나 우리를 특별하게 하는지를, 꿈을 상실하고 망각한 이 땅의 젊은이들에게 저자는 호소하고 있다.

73개의 꿈을 하나씩 이뤄가고 있는 현재진행형 그녀의 삶은 목표를 세워 끈질기게 도전하는 의지와 신념 때문이었음을 읽는 내내 절실히 공감하게 한다.

인상 깊었던 부분과 그 이유

이스라엘 군의 총에 맞아 죽은 아이를 안고 오열하는 팔레스타인 아버지의 사진을 보고 저자는 충격을 받았다고 술회한다. 자신도 전투하듯 치열하게 살고 있지만, 넓은 세상에는 더 큰 고통을 안고 살아가는 사람들이 있음을 깨닫고는 넓고 넓은 세상에서 자신이 할 수 있는 일에 대해 고민하는 장면이 있다. 거대권력에 맞서 싸우는 핍박받는 자들의 저항이 너무나 무력함을 경험을 통해 알고 있다. 그러나 그의 의지와 신념은 이것을 계기로 더 이상 핍박받는 자에 머물지 않고 꿈을 실현하는 강한 동기를 갖게 하고 결국 볕드는 양지에 자신의 터를 잡는다. 세상 사람들은 세 부류다. 강자가 되어 또다시 증오를 낳는 부류, 강자에게 복종하는 부류, 의지와 신념으로 정의로운 강자가 되는 부류. 지구 저편에서 벌어진 한 사건을 비상의 발판으로 삼아 날아올라 우리에게 도약의 기회를 주고 있는 그 김수영이야말로 정의로운 강자라 할 수 있다.

꿈과 관련해 자기 생각 펼치기

김수영에게서 내 모습을 본다. 역사학자를 꿈꿔 온 내게 닥쳐 올 회오리 같은 시련을 알고 있기 때문이다. 우선 가족은 물론, 세상이 내 꿈에 대해 곱지 않은 시선을 보낼 것이다. '그래서 뭘 해 먹고 살 것이냐'가 그 이유일 것이다. 가난 속에서 벗어난 지 오래지 않은 어른들의 시선은 먹고사는 문제가 가장 중요하고 그것이 해결되면 꿈이 이루어졌다고 생각한다. 마음에서 분출하려는 나만의 욕구는 먹고사는 문제와 거리가 멀수록 눈총을 받아야만 하기 때문에 이상을 꿈꾸는 것은 시련을 동반자로 한다. 역사학자라는 직업에서조차 내 길은 고르지 않다. 뿐만 아니라 조선 상고사를 연구해 단재 신채호 선생의 뜻을 잇고 싶은 내 이상은 막막하다. 자료도 넉넉하지 않을뿐더러 현재 사학에서 상고사는 신화나 떠도는 풍문으로만 치부할 뿐 학문으로 인정되지 않고 있다. '환인, 환웅, 단군으로 이어지는 약 일만 년에 이어지는 우리 민족의 역사'라는 설에 관심이 있어 사실여부를 알기 위해 역사서를 찾아 보았지만 쉽지 않았다. 심지어 단군의 역사도 신화일 뿐이라고 주장하는 학자도 있는 현실에서 그보다 한 단계 위의 역사를 인정하는 것은 불가능한 일일지 모른다.

확실한 근거를 찾아 증명했다 해도 기존 학자들의 명성과 업적을 재수정해야 하기 때문에 그들을 설득하는 일과 지금까지 역사교육에 의해 각인된 시민들의 역사의식을 바로잡기 위한 노력과 시간은 상상을 뛰어넘는 험난한 길이 예상된다.

그러나 우리가 현재 배우고 있는 역사도 왜곡된 부분이 많아 지속적으로 수정되고 있다는 것을 감안한다면 확고한 목표의식을 가진 끊임없는 연구는 새로운 역사의 장을 열 가능성이 있다. 상고사에 의하면 약자의 입장에서가 아닌, 공동체의식에 기반을 둔 우리 민족의 정서가 침략자들에게 저항하기보다 상생을 원했지만, 결국 강자들의 논리대로 왜곡, 조작된 나약한 민족으로 전락된 지금, 역사학자로서 나는 진실을 제자리로 돌려 놓기 위해서는 이웃과 동료와 또 세상과 투쟁을 각오할 수밖에 없다.

꿈을 가진 자가 진정한 강자임을 김수영은 말하고 있다. 수많은 선각자 역시 그녀처럼 꿈을 가지고 신념과 의지로 진실을 위해 고집을 피워 왔다. 꿈을 실현하기 위한 신념과 의지가 진정한 강자로 만들어 갈 것을 확신할 수 있어 투쟁과 시련도 감수할 수 있었던 것이다.

나 역시 그렇다. 김수영의 삶에 공감한 까닭은 그녀의 모습에서 나를 보았기 때문이다.

책 속 멘토와 대화 나누기 ②

꿈

『바보처럼 공부하고 천재처럼 꿈꿔라』 신웅진

내용 요약

영어책을 마음껏 읽고 싶어 용돈을 털어〈타임〉지를 산 중3 소년 반기문. 작은 시골마을에서 반기문은 〈타임〉지를 통해 큰 세계를 향한 눈을 뜨게 된다. 외교관을 목표로 올곧게 쌓아 올린 영어실력은 비스타라는 영어 연수프로그램에 참여하는 기회를 시작으로 서울대 외교학과에서 어릴 적 꿈을 향한 끊임없는 노력의 성을 쌓아간다. 성실한 필기왕인 그는 머리도 좋았지만 꾸준한 노력으로 최선의 결과를 끌어내는 승부사이다. 그림자처럼 조용한 그가 주변사람들의 인정과 더불어 한 발 앞선 출발에도 인간관계에서 조화를 깨트리지 않은 것은 철저한 자기관리에서 비롯된 '외유내강' 철학 덕분이다. 선배를 제친 송구함을 진심을 담아 편지로 전달해 선배들의 격려를 이끌어 냈으며, 공직에 몸담으며 윤리와 날카로운 양심을 따라 청빈하게 살아온 그의 인격도 빛난다. 더구나 주어진 여건에 자신을 맞추기 위한 열정적인 노력과 한치의 부족도 허용하지 않는 삶의 태도는 유엔사무총장의 위치에 우뚝 서게 한 결정체이며, 미래 비전을 가늠할 잣대임을 수긍하게 한다.

인상 깊었던 부분과 그 이유

외교부 연수에서 1등을 한 반기문은 예상을 엎고 열악한 환경의 인도로 지원한다. 장남으로 집안을 돕기 위한 소박한 마음과 결핍을 통해 터득한 철학 때문이다. 특히 1970년대 인도의 상황은 지금과 달리 과도기 단계였고, 경제 위축과 주변국들의 내란 등으로 불안한 사회여서 지원을 기피하던 국가였다. 그러나 그는 '충족은 자칫 넘쳐흐를 수 있어 일을 그르치지만 결핍은 그것을 채우기 위해 최선의 노력이 필요함'을 알고 있었다. 돼지를 키우며 학창시절을 보낸 때의 결핍은 자신의 기질인 성실한 노력을 기울일 텃밭이 되었을 뿐 아니라, 부족을 채우기 위한 열정을 발휘할 기회였던 것이다. 오랜 노력 끝에 얻은 달콤한 결과에 대한 상으로 이미 만들어진 환경을 누리며 안정에 편승하는 것, 안주하는 것은 누구도 비난할 수 없다. 그러나 반기문에게는 어떤 상황에서건 자신의 힘으로 그것을 만들어 내어 성취하는 것이 가슴을 더욱 설레게 했던 것이다. 이것은 성공하는 자들의 공통적인 특성이다. 물론 반기문은 험난한 역경과 모진 시련을 겪지는 않았다. 온유한 성격이 모험보다는 성실로 승부를 선택했기 때문일 것이다. 현대사회에서 잊혀 가는 미덕인 '성실한 외유내강'도 우리가 관심 갖고 도전해 볼 덕목이다.

꿈과 관련해 자기 생각 펼치기

'성실함'을 생각하면 진부하고 촌스럽다는 느낌이다. 그래서 그런지 성실의 미덕에 대해 사람들의 시선이나 사회에서 생각하는 바가 뜨악하다. 『바보처럼 공부하고 천재처럼 꿈꿔라』를 읽어 보면 바보는 주변의 바람에 휘둘리지 않고, 요령 없이 미련하게, 조금은 모자란 듯한 사람을 일컫는다. 그래서 성실은 바보와 맞닿아 있다. 성실(誠實)을 '정성을 들여야 열매가 맺는다'로 재해석해 보니 이보다 근사한 말이 없다. 그래서 반기문이 바보처럼 보였지만 자신의 일에 정성을 들여 결과를 맺기까지 미련하게 한 길을 걸었고 성실의 대명사로 비춰지고 있다. 마치 오래 오래 곤 곰국처럼 말이다.

사회에서는 효율성이다, 경제성이다 해서 당장 보이는 효과를 선호하지만 변함없는 신뢰를 보낼 수 있는 것은 꾸준함이다. 내가 되고 싶은 정치가 역시 마찬가지다. 성실함으로 신뢰를 얻어야 든든한 지지기반을 얻는다. 그러나 성실로 승부를 걸려면 감내해야 할 시간이 필요하다. 정치가의 생명은 시민을 위한 바람직한 정책인데, 더 나은 삶을 위한 정책을 펼친다 하더라도 결과가 나타나기까지 반대와 부작용 등 걸림돌이 생기게 된다. 이론적인 뒷받침과 확신이 있다 할지라도 목표점에 도달하기 전까지 장담할 수 없는 것이 세상의 일이기에 스스로에게 오는 자괴감도 큰 장애물이 될 것이다. 특히 민심은 성질 급한 배고픈 아이와 같아서 장기적 비전을 가지고 기다려주지 않기 때문에 정치가에게 성실함은 오히려 무능함으로 비춰질 수 있다. 현실 정치인들이 긍정적 평가를 받지 못하는 것은 대중의 비위를 맞추려 하거나 대중과 단절된 불성실한 행위를 하기 때문이다. 열매가 맺을 때까지 정성을 들인다는 것은 실천하기 어렵다. 그래서 바보는 위대하고 성실은 진실하다.

케네디는 "정치가가 스스로를 높이 믿고 자기의 자존심이 용기와 양심의 길로 나아갈 것을 바랄 때에 모든 것이 이롭게 된다."고 했다. 무릇 정치가는 마음 밖의 소리보다 마음 안 양심의 소리에 귀를 기울이는 일이 열매를 맺기 위한 정성이다. 바보처럼 성실하게 튼실한 열매를 맺는 일이 내가 추구해야 할 내 이상향임을 오늘 이 시간 견고하게 다져 놓는다.

내가 읽은 꿈 독서

주요내용:

_____

_____

인상 깊은 부분과 이유:

_____

_____

나의 꿈과 관련해 더 관심 갖게 된 분야(부분):

_____

_____

생각을 온몸으로 체감하기 ⋯⋯⋯⋯⋯⋯⋯⋯⋯⋯⋯⋯●

체험 교감

■ 부모님과 인터뷰하기

☞ 부모님의 청소년기 꿈은?

☞ 꿈을 이루기 위한 과정은?

☞ 꿈을 이루었는가?

☞ 꿈을 포기했다면 그 이유는?

☞ 꿈과 관련해 자녀에게 부탁하고 싶은 것은?

가장 가까운 선생님과 인터뷰하기

😊 꿈은 무엇이라고 생각하는가?

😊 과거와 오늘날 청소년들의 꿈에 대해 같은 점과 다른 점이 있다면?

😊 오늘날 청소년들의 꿈이 문제가 있다면, 그것은 무엇이며 원인과 대안은?

😊 꿈과 관련해 학생들에게 들려주고 싶은 이야기는?

선배와 인터뷰하기

😊 선배의 꿈은 무엇인가?

😊 선배는 언제부터 어떤 계기로 꿈을 가지게 되었는가?

😊 꿈과 학업성취도 관련성에 대해서 이야기한다면?

😊 꿈과 관련해 후배에 들려주고 싶은 이야기는?

친구와 인터뷰하기

😊 친구의 꿈은 무엇인가?

😊 친구가 관찰하기에 나는 무엇을 잘할 것 같은가?

😊 꿈과 관련해 하고 싶은 말은?

자기비전 디자인하기

나의 꿈과 관련해 독서 포트폴리오 만들기

독서 포트폴리오

🖐 이 책을 읽게 된 동기, 계기를 나의 꿈과 관련해 적어 보자.

🖐 이 책의 줄거리를 간략하게 소개하고 특히, 인상 깊었던 부분과 이유를 나의 꿈과 관련지어 정리해 보자.

🖐 이 책을 접하기 전과 후의 변화과정을 나의 꿈과 관련지어 정리해 보자.

🖐 이 책에 대한 평가와 이 책을 통해 더 관심 갖게 된 분야, 그리고 더 읽어 보고 싶은 책을 나의 꿈과 관련지어 정리해 보자.

예시글 꿈, 독서 포트폴리오

『내 심장을 쏴라』 정유정

동기

　원래 책 읽는 것을 좋아하지 않았다. 그래서 일주일에 한 권씩 책을 읽어야겠다고 작정하고 읽기 시작했다. 그런데 신기하게 책 읽는 것이 재미있어졌다. 요즘은 내가 읽고 싶은 책을 찾아서 읽고 있다. 이번 주도 무슨 책을 읽을까 생각하다가 '우리를 옥죄는 운명에 맞서 새로운 인생을 향해 끝없이 탈출을 꿈꾸고 시도하는 두 젊은이의 치열한 분투기'를 그린 작품인 정유정의 소설 『내 심장을 쏴라』라는 책을 선택했다. 이런 내용의 책을 전부터 한번 읽고 싶었다. 그래서 바로 책을 구입해 읽기 시작했다.

줄거리

　정신병원에는 두 부류의 사람이 있다 미쳐서 갇힌 자와 갇혀서 미쳐가는 자. 이 책의 주인공 '나'는 6년에 걸쳐 입원과 퇴원을 되풀이해온 정신분열증 분야의 베테랑, 이수명이다. 그는 공황장애와 적응장애로 퇴원 일주일 만에 다시 세상에서 쫓겨나 수리희망병동으로 되돌아온다. 또 다른 주인공 류승민은 망막세포변성증으로 비행을 금지당한 패러글라이딩 조종사이다. 그는 급속도로 시력을 잃어가는 와중에 가족 간의 유산싸움에 휘말려 그들이 보낸 전문가에게 납치되어 정신병동에 갇힌다. '나'는 미쳐서 갇힌 자요, 승민은 갇혀서 미쳐가는 인물이다. 85년생이라는 것과 수리희망병동에 있다는 것을 제외하곤 살아온 환경이든 성격이든 같은 점이 하나도 없는 이 둘은 동거 아닌 동거를 시작하게 된다. 승민은 입원된 첫날부터 탈출을 시도하는데 번번이 실패한다. 수명을 비롯한 주변 사람들은 암암리에 승민의 탈출을 도와준다. 서로 전혀 어울리지 않을 것 같은 그들은 병동에서 함께 생활하면서 갇혀 있다는 것, 함께 있다는 것만으로 서로의 공감대를 형성하게 되고, 서로를 조금씩 알게 되면서 친구가 된다. 수명은 승민을 만나기 전까진 세상에서 도망치고 자신에게서 도망치는 사람이었다. 자신의 삶과 의지는 어디에도 없었다. 승민이와 다른 사람들을 만나면서 다른 사람, 다른 넓은 세상이 있다는 것, 자기 자신이 소중하다는 것을 느끼게 된다. 그러면서 어머니가 죽었던 그날로 돌아가서 아버지와 어머니 그리고 자기 자신을 보게 된다. 병원에 들어온 지 100일째 되던 날, 마침내 이 둘은 병원에서 탈출한다.

인상 깊었던 부분과 그 이유

 '넌 누구냐? 승민이 물었다. 알아맞혀 봐. 내가 대답했다. 새야? 아니. 비행기? 아니. 그럼 누구? 나는 팔을 벌렸다. 총구를 향해 가슴을 열었다. 그리고 언덕 아래로 질주하기 시작했다. 나야, 내 인생을 상대하러 나선 놈, 바로 나.'
 에필로그의 마지막 장면이다. 이 장면 말고도 정말 감동적이고 뭉클한 장면이 많았다. 승민이 탈출해서 비행을 하려 할 때 '이제 뺏기지마. 네 시간은 네 거야.' 라는 장면, 수명이 정신보건심판위원회에서 '제게도 활공장이 필요했습니다.' 라고 말하는 장면 등. 수명은 비록 시력을 잃었지만 비행을 하고 싶다는 자신의 꿈을 향해 나아가는 승민을 부러워하면서 연신 자신에게 되묻는다. '나는 누구지?' 수명은 처음엔 정신병동에서의 자신의 삶을 무기력하게 대했었다. 더 나아질 것도, 악화될 것도 없는, 뜨겁지도, 차갑지도 않은 그런 일상에서. 하지만 그는 이런 상황에서도 역경을 극복하고 자신의 한 몸을 희생해서라도 꿈을 이루는 쪽을 택하고, 장님으로 평생을 사느니 기회가 있는 동안만이라도 자신이 하고 싶은 것을 하면서 살겠다는 승민을 보면서 깨닫는다. 그리고 결국은 이렇게 말한다.

"나야. 내 인생을 상대하러 나선 놈. 바로 나."

세상에서, 나 자신에게서 도망쳤었던 나였기에 마지막 수명의 말은 더욱 큰 감동으로 다가왔다.

이 책을 읽고 변화된 생각

대기업 회사를 경영하기 위해, CEO가 되기 위해 '나는 무엇을 해야 하나?', '무기력하게 살고 있지는 않은가?', '나는 지금 꿈을 향해 달려가고 있는가?' 라는 생각을 해 보게 되었다. 나를 지지해 주고 나를 위해선 무엇이든지 해 줄 수 있는 가족이 있고, 함께 기뻐해 주고 슬퍼해 주는 친구가 있고, 편안한 집이 있는데 나는 지금 승민을 만나기 전의 이수명처럼 무기력하게 살고 있지는 않은가 뒤돌아보게 되었다.

나는 이루고 싶은 꿈이 있다. 최고 경영자. CEO가 되는 것이다. 누군가가 나한테 "그 꿈을 위해 이 소설 속의 류승민처럼 달려가고 있습니까?" 하고 물어본다면, 이 소설을 읽기 전엔 솔직한 마음으로 대답하긴 힘들었을 것 같다. 그 꿈을 이루기엔 내 자신이 아직은 부족하다고 생각해서 그런 것 같다. 하지만 지금은 '네'라고 대답할 수 있다. 난 류승민처럼 큰 역경도 없었고, 가진 것도 많은데 꿈을 이루기 위해 내가 망설일 필요가 없다고 생각했다.

'나는 할 수 있고, 또 할 수 있고, 무조건 할 수 있다!'는 생각을 가지고 열심히 공부하고 노력할 것이다.

이 책에 대한 평가

정유정의 소설은 도입부가 조금 이해가 안 되고 지루하다는 얘기를 들은 적이 있는데 앞부분은 정말 이해가 가지 않아 지루했다. 그런데 읽을수록 정말 재미있어서 나도 모르게 몰입해서 읽을 수 있었다. 소설의 막바지에서는 뜨거운 감동을 받기에 충분할 만큼 내용이 좋았다. 이 소설은 제5회 세계문학상 수상작으로, 정말 흠잡을 데 없는 소설인 것 같다. 작가 정유정은 이 책을 분투하는 청춘에게 바친다고 했다. 청년들이 읽는다면 정말 후회 없는 책일 것 같다. 하지만 나는 우리 같은 청소년에게도 추천하고 싶다. 그만큼 훌륭하고 재밌고 감동적인 책이다.

『이기적 유전자』 리처드 도킨스

자기주도학습전형 – 과학고 지원자 –

  확실한 나만의 꿈에 대한 갈피를 못 잡고 혼란스러워할 때 즈음, 머리나 식힐 겸 들린 서점에서 우연히 접하게 된 이 책을 발견할 때까지도 나는 몰랐었다. 이 한 권의 책을 통해 내가 그렇게 변화될 줄은. 흥미로운 제목에 끌려 선택하게 된 책『이기적 유전자』.

  사람은 왜 존재하는지 심오한 질문에서부터 시작해 한 권의 스토리처럼 이어지는 구성은 읽기에 참 좋았다. 다소 딱딱한 내용을 다루어 이해하기 어려운 내용도 없진 않았지만, 내가 잘못 알고 있던 개념과 미처 몰랐던 유전자의 비밀을 알 수 있어 매우 흥미로웠다. 그 중에서도 '인간은 유전자를 위한 운반자 혹은 생존기계에 불과하다.' 라는 내용과 '본래부터 유전자는 이기적으로 태어났다.' 라는 것이 가장 인상에 남았다. 당연히 우리는 정체성을 갖고 자기주도적으로 행동하는 생물체인줄로만 알았는데, 그저 유전자의 복제 욕구를 수행하는 생체 기계에 불과하다니! 과연 새롭고 역설적인 발상에는 틀림없지만 나에겐 그 말이 충격적이었다.

  그래도 '유전자는 이기적으로 태어난다.' 라는 내용은 나의 생각과 비슷해 거부감 없이 이해할 수 있었다. 자기 종의 멸종을 막기 위해서, 또는 생존경쟁에서 살아남기 위해서라도 각각의 유전자는 치열하게 복제하고 번식해 나가야 한다. 그러기 위해서는 자연스럽게 이기적으로 변할 수밖에 없다는 것이 나의 생각이다. 이 책의 저자도 비슷한 의견이라, 전반적으로 책과 나의 의견을 비교해 보면서 수월하게 읽을 수 있었다.

이기적 존재인 유전자에게는 없지만 인간에게는 의식적인 선견 능력이 있다. 인간이 비록 기본적으로 이기적인 존재라고 해도 우리의 의식적인 선견 능력, 즉 상상력을 통해 장래의 일을 모의 실험하는 능력에는 맹목적인 자기 복제자들이 일으키는 이기적 행동에서 우리를 구출할 가능성이 있다. 즉, 인간은 이타주의를 의식적으로 육성하고 교육시킬 수 있으며 우리는 유전자 기계로서 조립되었지만 밈 기계로서 교화될 수 있다. 게다가 이 지구에서는 우리 인간만이 유일하게 이기적인 자기 복제자들의 전제에 반항할 수 있다는 내용이 특히 인상 깊은 부분이었다. 이기적이라 해도 인간의 내면에는 선의 가치가 있다고 생각하게 하는 사실이다.

이 외에도 원시 수프, 유전자 풀, 핸디캡 원리 등 들어 보지 못한 여러 유전용어들이 나의 관심을 끌었다. 또 막연히 '유전자 관련 일을 해 보면 재미있겠다.'라는 생각을 했었는데, 이 막연한 생각이 책을 읽으면 읽을수록 더 확실하게 다가왔다.

마침내 책을 모두 읽고 나서, 난 유전 관련 직업을 조사해 보았다. 다양한 분야의 직업들이 있었는데, 그 중 생명공학 분야가 제일 마음에 들었다. 연구원이 되면, 자신이 원하는 분야의 실험을 자유로이 할 수 있다는 점에서 매력적이었다. 그래서 난 생명공학 연구원이란 '직업'을 갖기로 마음먹었다.

『이기적 유전자』는 앞으로 나의 삶에 있어서 잊을 수 없는 책이 될 것 같다. 다른 사람들은 어떤 의도로, 어떠한 느낌으로 이 책을 읽었는지 모르겠지만, 나에겐 내 불확실한 꿈을 확실히 해 준 기둥 같은 책이었다. 차근차근 대학교, 대학원을 졸업한 뒤, 연구소에 입사해 생명공학 연구원이란 '직업'을 가지고, 미확인된 유전자를 밝히고, 인간의 DNA와 관련된 비밀을 파헤치는 것이 나의 '꿈'이다.

  우선 생명공학이란 학문을 깊게 연구하고 싶다. 차츰차츰 나아가 꿈을 이루고, 그 과정에서 얻은 소중한 결과들을 바탕으로 개개인의 DNA 분석을 대중화시켜 모두가 건강한 미래를 살 수 있게 만든다면 더할 나위 없이 좋을 것이다. 그것이 나의 삶에 있어 최종적인 '꿈'이 될 것이다.

『갈매기의 꿈』 리처드 바크

입학사정관전형 - 수학교육과 지원자 -

  보통의 갈매기들이라면 먹이를 먹기 위해 비행하고, 먹는 것이 비행하는 것보다 더 중요하다고 생각할 것이다. 하지만 조나단은 먹기 위해서만 비행하는 시간을 아까워했고, 그런 조나단을 이해할 수 없는 갈매기들은 그를 추방시킨다. 하지만 조나단은 추방당하고 나서도 포기하지 않고 더 높이, 오래 날기 위해 노력한다. 조나단은 그와 생각이 같은 다른 무리들을 만나 많은 깨달음을 얻고, 자신이 가졌던 실력을 끌어 올린다. 그리고 추방당한 무리에게로 다시 돌아가 자신과 생각이 같은 제자를 찾아 키운다. 처음에는 소수의 갈매기들만이 그의 제자가 되었지만, 점차 많은 갈매기들이 동참한다. 조나단의 제자 플레처는 또 다른 제자를 키워내는 모습까지 보인다.

조나단은 절대 두뇌가 뛰어나거나 천재적인 비행 실력을 가지고 있는 갈매기는 아니었다. 지극히 평범했지만 남들과는 다른 '꿈'을 가졌던 것이다. 그리고 마침내 그 꿈을 이뤄 냈다. 꿈을 이룬 많은 사람들은 절대 선천적으로 타고난 무언가가 있어서 꿈을 이룬 것이 아니다. 확실한 꿈이 있었고, 그 때문에 끝까지 포기하지 않았기 때문이다.

갈매기들은 결코 비틀거리지도, 중심을 잃지도, 속도를 떨어뜨리지도 않는다. 공중에서 비틀거린다는 것은 그들에겐 불명예이고 치욕이지만, 그런 상황에서도 조나단은 부끄러워하지 않고, 다시 힘차게 선회를 시작한다. 그런데 나는 어떠한가? 무엇인가를 하다가 조금이라도 힘들고 지겨워지면 멈춰 버린다. 특히 내가 무언가를 했을 때 다른 사람들에게 비웃음을 살 행동이라 생각되면 부끄러워서 실행에 옮기지도 못한다.

조나단은 자신의 목표를 위해 끊임없이 노력하고 무엇을 해야 하는지 정확하게 알았기 때문에 방황하지 않고 곧장 자신의 목표를 위해 달렸다. 나는 내가 방황하고 흔들리는 이유가 확고한 꿈을 정하지 못했기 때문이라는 사실을 발견했다. 다른 사람들에 의해 좌지우지 흔들렸던 사실을 인정해야겠다.

내가 무엇을 좋아하는지, 뭘 잘하는지, 나를 이해하고 내가 하고 있는 일이 무엇인지를 알아야 내 꿈을 정할 수 있다. 그런데 다행스럽게도 난 나를 이해하고 내가 하고 있는 일이 무엇인지 잘 알고 있다. 내가 단지 지금 '무엇을' 하고 있느냐가 아니라, '무엇을, 어떻게, 왜' 하고 있는지 항상 의미 부여를 한다. 그래야 일의 능률도 오르고,

나의 꿈으로 나아가는 데 도움이 되기 때문이다.

조나단이 '그' 경지에 이르렀을 때 비로소 마음이 편안해지고 제자인 플레처를 가르칠 수 있었던 것처럼 나도 '그' 경지에 이를 때까지 인내가 필요하리라! 아직은 미숙해서 중간에 포기하기도 하겠지만 그 횟수를 줄여가고 있다. 특히 나에겐 공부가 가장 중요한 목표이고 즐기게 될 때까지 도전할 것이다. 지금까지 누구의 도움도 없이 혼자의 힘으로 여기까지 도달했다. 정상에 도달하기 위해서는 조나단처럼 끊임없이 노력해야 할 것이며, 간혹 열악한 환경의 저항에 부딪히기도 할 것이다. 만만치 않은 길이기에 성공은 값지리라는 희망을 품고 잠시 삐끗했던 중심을 다시 잡아 본다.

『엘리트 보다는 사람이 되어라』 전혜성

– 입학사정관제 멘토링 지도사 –

중고서점에서 이 책 저 책을 뒤적이다가 우연히 이 책을 발견해 흥미롭게 읽었다. 저자인 전혜성은 1948년 그 당시로선 흔하지 않던 미국 유학을 19세라는 어린 나이에 떠났던 신여성이다. 또한 미국에서 박사학위를 받고 결혼 후 6남매를 모두 훌륭히 키워낸 어머니이며 교육자이다.

그는 미국사회에서 피부가 다른 유색인종으로서 겪어야 했던 어려움과 생활양식, 가치관이 다른 문화의 문제들을 '신은 감당할 만큼의 능력을 주신다.'고 믿으며 극복해 내고 모든 일에 최선을 다한다. '재주가 덕을 이겨서는 안 된다.'는 신념으로 자녀들을 대하는 자상한 어머니의 모습은 나에게 뭔가 신선한 믿음을 갖게 했다.

또한 이 책을 읽으면서 전혜성이란 여성이 그냥 편히 자신의 꿈을 이룬 것이 아니라, 진실로 하고자 하는 것을 추구하며 열정을 다해서 실천해 나가면 결국 꿈을 이룰 수 있다는 믿음을 주었고, 결국 그 기쁨을 누릴 수 있다는 것을 깨닫게 해 주었다. 그는 항상 먼저 열심히 공부하는 모습을 자녀에게 보여줌으로써 실천하는 삶을 살았다. 그리고 '우리는 왜 살고 있으며, 무엇을 해야 하는가? 내가 지닌 능력을 가지고 이 사회를 위해 어떻게 쓸 것인가?' 라는 물음에 치열하게 고민하는 모습도 보여준다.

이 책을 통해 나도 교육자로서의 구체적인 꿈을 꾸게 갖게 되었고, 전혜성처럼 이중 문화 속의 자녀교육에 대해 고민도 하면서 이중 언어 습득과 교육에 대해서 공부하게 되었다. '삶의 목적이 뚜렷하면 열정이 생긴다. 그 열정을 실어 주는 것이 교육이다. 공부하라고 하는 것은 중요하지 않다. 공부하지 않으면 안 되겠다는 동기부여가 가장 중요하다.'

아이들을 만날 때 그들의 비상을 위해 동기가 되어 주는 선생님이 되기 위해 나는 오늘도 고민 중이다.

더 읽어 볼 책

도서명	저자
십대 답게 살아라	문지현
세계를 가슴에 품어라	김의식
당신의 소중한 꿈을 이루는 보물지도	모치즈키 도시타카
16살 꿈이 너의 미래를 바꾼다	잭 캔필드, 캔트 힐리
그대 청춘	김열규

JOB

직업,
독서 포트폴리오

진 빛을 갚을 수 있는 기회다.

'입학사정관제는 선택이 아니라 우리 아이 미래의 희망입니다!'

필자가 일반 대중들을 대상으로 하는 강의 주제다. 입학사정관제는 일부 대학의 입시제도로 이해하기보다는, 한 사람의 삶의 문제를 진지하게 고민하고 미래를 준비하는 실용적인 선진교육으로 받아들이자는 내용이다. 여기서 재미있는 사실은 강연 내용에 가장 공감을 많이 하는 사람은 초등학생 학부모도, 중고등학생 학부모도 아니었다. 예사롭지 않은 눈빛과 찰떡처럼 척척 달라붙는 박수를 보내는 사람들은 대학생이나 대학졸업 후 취업을 준비하는 자녀를 둔 부모들이었다. 그들은 대학만 보내고 나면 무엇이든지 찾아 스스로 살길을 열어 갈 것이라는 믿음이 착각이었다고 고백했다.

교육의 기능은 시대마다 사람마다 다르겠지만, 결국은 한 사람의 생존이 걸린 문제로 귀착한다. 양적으로든 질적으로든 잘 먹고 잘살기 위해 공부하기 때문이다. 특히 오늘날 한국사회는 심각한 취업난과 살벌한 생존경쟁이 눈앞에 벌어지고 있어 생존교육에 자극을 주기에 충분하다. 그렇다. 우리에게 교육은 장난이 아니라 치열한 생존의 문제다. 정신 차리지 않으면 잡아먹힌다는 것은 역사교육을 통해 귀가 따갑도록 들어왔을 것이다. 여기서 뼛속 깊숙이 고민해야 할 부분이 있다. 우리가 알고 있는 성적과 졸업장은 글로벌 선진국에도 통할 만큼 생존에 자신이 있는가이다.

이제 우리는 생존을 위해 눈을 떠야 한다. 대한민국의 경쟁상대는 후진국도 개발도상국도 다른 선진국들도 아니다. 우리의 경쟁상대는 한국의 선진의식과 선진교육이다. 그렇다면 무엇이 선진인가. 필자는 '자기주도역량', '창의역량', '사회배려역량'으로 요약하고자 한다. 이 세 가지 역량이 성적의 기준이 되고 졸업장의 의미가 된다면 우리는 희망이 있다. 이것은 글로벌 경쟁의 필요조건이기 때문이다.

이런 점에서 입학사정관제의 도입은 그 의미가 크다고 하겠다. 후진국과 개발도상국 시절에 통했던 겉으로 보이기 위한 성적과 졸업장보다는 학생의 타고난 적성과 진로를 더 중요시하기 때문이다. 이제는 배움의 길을 마치고 사회에 나가 내가 잘할 수 있는 생존문제에 대해 체계적으로 학습하고 정리하는 진로교육도 중요한 공부가 된 셈이다.

진로교육에서 가장 중요한 것은 일에 대한 개념의 이해다. 일을 어떻게 이해하느냐에 따라서 진학과 삶의 방향이 달라지기 때문이다. 일은 다른 사람을 살리는 신성한 행위다. 그래서 일은 내가 태어나면서부터 누군가로부터 받은 빚을 되갚을 수 있는 길이기도 하다. 그래서 일은 취미와 구분해야 한다. 일이 상대에게 필요한 것을 찾아 빈 곳을 채워 주는 행위라면 취미는 나에게 필요한 것을 보충받는 행동이기 때문이다. 대부분의 사람들은 일과 취미의 관계를 정확하게 구분하지 못하고 있다. 그러나 이 작은 관점의 차이가 생존문제와 직업관에 중대한 영향을 끼친다는 사실을 알아야 한다.

최근 만난 중학교 2학년 학생의 경우를 사례로 들어 보겠다.

필자 학생은 장래 희망이 뭐죠?
학생 의사가 되고 싶어요.
필자 왜 의사가 되려는 거예요?
학생 사실 아빠가 안과의사인데요. 재미있을 것 같기도 하고 아빠가 운영하는 병원 물려받으려고요.
필자 …….

아직 중학교 2학년이고 개방적인 수업분위기 속에서 나온 말이기는 하지만 이런 식의 직업의식은 다분히 환자를 고려한 측면보다는 내가 필요에 의해서 선택한 취미 개념의 직업관이다. 무엇이든 절실함과 치열함 그리고 진실함이 있어야 이룰 수 있다. 대한민국에서 의사 되기는 결코 쉬운 일이 아니다. 그 멀고 험난한 길을 헤쳐 나갈 에너지의 원천은 취미 차원에서 나오는 것이 아니다. 세상에서 필요로 하는 것들은 무엇인지, 그리고 다른 사람들보다 내가 더 잘할 수 있는 것은 무엇인지, 죽을 때까지 그 일을 계속해도 질리지 않고 내가 행복할 수 있는 일은 무엇인지 깊이 있게 고민해 보아야 한다. 그래서 일로써 내가 행복하지 않은 사람은 스스로 일을 선택하게 된 처음 마음을 돌아볼 필요가 있다.

이렇게 심도 있게 자기만의 명확한 직업의 세계를 가지고 그 사회에 빈 곳을 채울 준비를 갖춘 인재라면, 그 사람은 분명 우리 사회가 찾는 인재임에 틀림없다. 결국 실업의 문제는 내가 풀어야 할 문제이다. 기존 사회가 만들어 놓은 형식적 사다리가 급변하는 글로벌 사회에도 그대로 적용될 것이라는 착각과 환상으로부터 빨리 벗어나야 한다. 눈 먼 돈을 벌었던 시대는 이미 지났다. 선진국에서는 진짜 실력 있는 사람만이 살아남는다는 사실을 잊지 말자. 내가 접하는 현실을 있는 그대로 보고 내가 지금 당장 할 수 있고 줄 수 있는 것에서 나만의 직업을 찾고 그 역량을 기르자. 이것이 선진교육 정신이며 글로벌 경쟁력이다.

중요한 것은 책 속의 주인공 탐색이 아니라,
자신의 올곧은 직업관을 세우는 일이다!

 자기가 걸어온 길이 의미 있고 떳떳하면 다른 사람들과 그것을 나누
고 싶은 마음이 생긴다. 그 대표적인 것이 성공 자서전이다. 성공한
사람들의 이야기를 듣다 보면 독자는 자신의 부족함을 반성하게 되
고 나아가서 성공한 사람의 삶의 태도를 본받고 싶어진다. 그런데 그
것도 그때 잠시일 뿐, 시간이 지나면 다시 일상의 모습으로 돌아온
다. 그래서 성공하는 사람은 따로 있나 보다 생각하며 위안을 삼기도
한다.
 멘토링지도사 과정에서 수강생이 제출한 롤 모델 가상 인터뷰내용
을 소개한다. 롤 모델은 뮤지컬 음악감독 1호라는 타이틀이 붙은 박
칼린으로 선정했다고 한다.

수강생 좌우명은 무엇인가요?
박칼린 제 좌우명은 '이왕 하기로 한 것은 똑바로 하라' 예요. 그리고
　　　하고 싶은 일은 반드시 해야 합니다. 왜냐하면 자신의 열정의
　　　크기에서 원하는 퀄리티가 나오는 법이거든요.
수강생 뮤지컬 흥행 보증수표라는 별명에 대해서 어떻게 생각하
　　　세요?

박칼린 제 수식어가 흥행 보증수표라고요? 전혀 모르는 이야기인
데……, 흥행을 따질 때 작품이 기술적으로 좋고 나쁜지는 중
요하지 않아요. 또한 배우들이 춤을 잘 추는지, 못 추는지도
중요하지 않죠. 가장 중요한 건, 모두 뮤지컬을 너무나 하고
싶어 온 사람들이어야 한다는 거예요. 매일 올 때마다 흥분돼
있어야 하죠. 감독인 저도 마인드가 중요한데, 주변 스태프들
이 기분을 계속 업시켜줘야 해요. 에너지를 표출하는 거죠.
이점에서 자부할 수 있는 게 있어요. 나와 작품을 함께 하는
앙상블의 에너지는 절대 떨어지지 않는다는 것. 앙상블은 늘
주연에 가려 보이지 않지만, 뮤지컬에서 가장 중요한 역할이
거든요.

수강생 어떤 계기로 뮤지컬 음악 감독을 시작하게 되었나요?

박칼린 한국에서 처음 뮤지컬 음악 감독을 시작하게 된 계기는 국악
공부를 할 때 윤호진 선생님이 도와달라고 말씀하신 것 때문
이었죠. 당시엔 음악 감독이라는 호칭을 잘 사용하지 않았어
요. 첫 5년간은 정말 힘들었죠. 배우들은 발레의 '발' 자도 모
르고 찾아왔고, 당시만 해도 공부하는 배우가 별로 없었어요.
뮤지컬이 뭔지 제대로 알고 만드는 사람도 없었죠. 하지만 그
게 저에겐 더 재미있었어요. 남이 다 해놓은 건 재미없잖아
요. 쉬운 걸 하고 있으면 살아 있다는 느낌이 들지 않아요. 숙
제를 풀어내는 게 재미있고, 그게 다 풀리면 그 자리를 떠나
죠. 사서 고생한다는 말, 괜히 나온 게 아니겠죠?

청소년기에 직업과 일에 관한 독서는 매우 중요하다. 현실경험이 부족한 학생들에게 살아있는 직업정신과 롤 모델을 찾을 수 있는 기회가 되기 때문이다. 이때 직업 독서에서 중요한 것은 책 속의 주인공 탐색이 아니라, 독자 자신의 올곧은 직업관을 세우는 일이다. 독자의 직업역량이 커져야 책 속의 주인공도 빛나기 때문이다. 즉 성공 자서전을 읽은 독자가 영향을 받아 성공가능성이 커질 때 그 책에 대한 고마움도 배가되는 것이다.

직업에 관한 다양한 책읽기에 앞서서 독자 자신의 직업에 대한 생각을 점검해 보자.

첫째_ 나는 직업에 대해서 부모님의 영향을 받지 않고 나만의 길을 갈 수 있는가?

둘째_ 나는 학교성적과 상관없이 내가 갈 길과 나만의 할 일은 찾았는가?

셋째_ 나는 직업의 목적을 정확하게 알고 있는가?

넷째_ 나는 정년에 구애받지 않고 평생 동안 하고 싶은 일이 있는가?

다섯째_ 나는 다른 사람이 알아주는 직업보다는, 내가 가치 있게 생각하는 직업을 선택할 것인가?

여섯째_ 나는 나의 직업을 통해서 다른 사람들을 행복하게 살도록 도울 수 있는가?

일곱째_ 나는 나의 직업이 소중하듯이 다른 사람들의 직업도 존중할 것인가?

여덟째_ 나는 사람을 평가할 때 어떤 직업을 가졌느냐가 아니라, 그 일을 얼마나 사랑하느냐로 평가할 수 있는가?

아홉째_ 나는 경제관념이 올바로 서 있는가?

열째_ 나는 나만의 천직을 반드시 갖고 싶은가?

"이렇게 아저씨는 멜로디를 휘파람으로 불며, 시를 읊조리고, 가곡을 부르고, 읽은 소설을 다시 이야기하면서 표지판을 닦았어. 지나가던 사람들이 그것을 듣고는 걸음을 멈추었어. 파란색 사다리를 올려다보고는 깜짝 놀랐지. 그런 표지판 청소부는 한 번도 만난 적이 없었거든. 대부분의 어른들은 표지판 청소하는 사람 따로 있고, 시와 음악을 아는 사람 따로 있다고 생각하잖니. 청소부가 시와 음악을 알 거라고는 상상도 못하지. 그런데 그렇지 않은 아저씨를 보자 그들의 고정관념이 와르르 무너진 거야. 그들의 고정관념은 수채통으로 들어가, 타버린 종잇조각처럼 산산이 부서졌어."

"네 군데 대학에서 강연을 해달라는 부탁이 왔어. 그렇게 하면 아저씨는 훨씬 유명해질 수 있을 거야. 하지만 아저씨는 거절하기로 결심하고 답장을 썼어.
 '나는 하루 종일 표지판을 닦는 청소부입니다. 강연을 하는 건 오로지 내 자신의 즐거움을 위해서랍니다. 나는 교수가 되고 싶지 않습니다. 지금 내가 하는 일을 계속 하고 싶습니다. 안녕히 계세요.'
 그리고 아저씨는 지금까지 그랬듯이, 표지판 청소부로 머물렀단다."

모니카 페트 『행복한 청소부』 중에서

책 속 멘토와 대화 나누기 ⟶ 직업

『생명이 있는 것은 다 아름답다』 최재천

내용 요약과 느낀 점

저자는 사회 생물학자라는 생소한 분야의 연구자이며 권위자이다. 동물의 다양한 행동을 사회와 견주어 이해를 요구한다. 그의 동물에 관한 지식의 조각들은 하나씩 꿰어 맞추는 퍼즐 조각 같다. 글쓴이는 인간의 삶의 양식을 곳곳에서 조목조목 비판해 가며 반성하길 당부하며, 생명은 중하고 아름답다는 철학을 신념처럼 가지고 있다.

세습하지 않는 개미의 세계, 그래서 더욱 강한 지속성을 가지고 있다는 것. 인간과 베 짜기 개미만이 어린이를 착취한다는 사실, 노화나 죽음 등 자연스러운 일을 거스르려는 욕심이 전후좌우를 해칠 수 있으니 순리를 거스르려 하지 말라고 경고한다. 거짓말, 세습의 문제, 호주제, 인간만이 가진 언어, 여성 상위 시대 등 시대의 코드와 변화를 민감하게 동물의 특성에 견준다. 재미있고 실감나게 그리고 단순하고 명쾌하게 읽는 이에게 일침을 가하고 있는 것도 이 책의 특징이다.

인상 깊었던 부분과 그 이유

이 책은 어느 한 부분만 감동으로 꼽을 수는 없다. 시종일관 자연의 불량품 인간, 파괴자인 인간의 행위를 같은 자연의 소속물이면서도 너무 다른 동물의 특성과 비교하고 있는데 그 부분에서 작가의 혜안이 감동스러울 뿐이다. 특히나 동물 사회에서 암컷의 역할은 절대적이며 질서의 근원임을 설명해 과거 역사를 거슬러 남성의 권력 아래 존재하던 인간사회가 피폐했고 파괴적이었던 까닭을 알 수 있게 한다. 희생과 모성과 아우름과 지속성이라는 특성을 가진 암컷의 리더십이 다양한 야생의 종들이 어우러져 살아갈 수 있는 힘이라는 것이다.

'통섭(統攝)' 조각조각 나눠진 집단과 집단, 학문과 학문, 종교와 종교 등등 단절된 우리 사회의 모습이 안타까워 동물의 섭리를 알고 화해와 조화 그리고 관계맺음을 염원하는 한 과학자의 조용한 외침이 이 책을 인상 깊게 한다. 더 흡족한 것은 일에 대한 애정이 남다른 결과에서 볼 수 있는 섬세한 관찰과 세상을 보는 넓은 시야는 이 일을 얼마나 소중하게 여기는가에 대한 직업의식까지 느낄 수 있었다.

직업(일)과 관련해 자기 생각 펼치기

이 책의 저자는 참 행복하다. '글쟁이가 되고 싶은 어릴 적 꿈을 담은 과학자' 상반된 두 분야를 멋들어지게 조화시키고 있기 때문이다. 일은 행복하게 해야 하며, 일을 하면 행복해야 한다. 살아오면서 하고 싶고 또 해 왔던 일들이 현재 자신의 직업 안에 오롯이 살아있어 마음과 몸을 신명나게 하는 것이 진정한 직업인의 자세이리라. '알면 사랑한다'는 신념을 가진 작가는 동물과 인간의 세계를 관찰해 인간은 동물에게, 동물은 인간에게 채워줄 것이 무엇인지를 중매쟁이처럼 바지런하게 얘기한다. 그 모습은 자신의 일에 얼마나 만족하고 있는지를 느낄 수 있다.

마치 일은 밥을 벌어먹기 위한 처절한 투쟁인 것으로 여기는 요즘 사람들. 더 많이 먹이를 모으기 위해 마음의 소리를 외면하는 사람들에게 직업은 등 떠밀려 오르는 고행의 길과 같다. 대기업, 연봉, 살아남기 위한 경쟁만 기억되는 직업을 쟁취하기 위해 유년기에서 청년이 되기까지 자유로울 수 없다. 특히 요즘처럼 고학력 실업이 늘고 있을 때는 직업 선택의 자유마저 박탈될 지경이다. 그 까닭은 직업 안에 '관심'이 빠져 있기 때문이다. 관심은 마음의 끌림이다. 마음이 빠진 일은 기계가 하는 일과 다를 바 없다. 사람이 기계처럼 마음 없는 일을 하려니 얼마나 고달플까?

요즘 인기 있는 의사라는 직업 역시 예외는 아니다. 할머니께서 늘 편찮으신 것이 계기가 되어 의사를 장래희망으로 꿈꾸는 나이기에 흰 가운을 입은 의사선생님들은 선망의 대상이기도 하다. 그러나 대학병원에서 수많은 환자들이 몇 달을 기다려 겨우 의사를 만나는 시간이 고작 십여 분 남짓. 더구나 그 시간 동안 환자와 대화를 하기보다 모니터에 있는 자료에 의지해 결론을 내린다. 기계로 찍은 환자의 증상에 데이터화된 매뉴얼만이 적용되는 것이다. 신처럼 높은 의사의 결정에 환자들은 어린아이처럼 따라야 하는 구조에서 '생명을 살리는, 병을 예방하는' 숭고한 직업의 가치를 찾을 수 없고 의사에겐 처리해야 할 수많은 업무만 남아 있는 듯 보인다.

『의사가 된 후에야 알게 된 위험한 의학, 현명한 치료』를 쓴 작가 김진목도 그러한 대중요법이 얼마나 무책임한 일인지를 꼬집고 '생명

살리는 직업', '의사로서 본래의 일'을 찾아 느끼는 행복함을 전하고
있다.

 직업은 꿈을 담은 그릇이다. 꿈과 소통해야 한다. 특히 생명을 다루
는 직업인 만큼 환자와 소통하고 질병과도 소통할 수 있는 '통섭(사물
에 널리 통하는)' 하는 태도는 의사의 사명과도 같다. 『생명 있는 것은 다
아름답다』의 저자 최재천 씨와 의사로서 행복하기 위해 현대의학과
자연치료를 아우른 저자 김진목 씨가 가진 직업관은 내가 추구하는
건강한 직업관의 소유자이며 이 땅의 모든 직업인이 회복해야 할 바
로미터라고 생각한다. 자기 일이 행복한 사람, 내가 어떤 일을 할 때
행복한지 마음의 소리에 귀를 기울이는 일에 부지런한 사람은 어떤
직업을 선택하든지 일 속에서 생명을 살리는 역할을 할 수 있다는 것
이 나의 신념이다. 행복한 청소부처럼.

내가 읽은 직업 독서

주요내용:

인상 깊은 부분과 이유:

나의 직업과 관련해 더 관심 갖게 된 분야(부분):

독서멘토링 3단계 체험 교감하기

생각을 온몸으로 체감하기 --------------------------●

체험 교감

☺ 흥미로운 직업 조사(현장방문, 인터넷 등)하기

☺ 희망직업 일일 체험하기

☺ 희망직업 종사자와 인터뷰하기

자기비전 디자인하기

나의 직업과 관련해 독서 포트폴리오 만들기

독서 포트폴리오

😊 이 책을 읽게 된 동기, 계기를 나의 장래직업과 관련해 적어 보자.

😊 이 책의 줄거리를 간략하게 소개하고, 특히 인상 깊었던 부분과 이유를 나의 장래직업과 관련지어 정리해 보자.

😊 이 책을 접하기 전과 후의 변화과정을 나의 장래직업과 관련지어 정리해 보자.

😊 이 책에 대한 평가와 이 책을 통해 더 관심 갖게 된 분야, 그리고 더 읽어 보고 싶은 책을 나의 장래직업과 관련지어 정리해 보자.

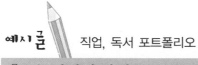

『죽은 시인의 사회 』 N. H. 클라인바움

동기

어렸을 적, 우연히 TV에서 '죽은 시인의 사회' 영화를 보게 되었다. 심오하고도 어쩐지 멋스러운 영화 제목에 이끌려서. 영화는 매력적인 제목만큼이나 흡인력과 따뜻한 분위기를 느낄 수 있었다. 그런데 안타깝게도 학원에 가느라 영화를 끝까지 보지 못했다. 언젠가는 꼭 영화를 다시 보겠다고 다짐을 했었지만 그 다짐은 쉽게 이루어지지 않았다.

고등학생이 된 어느 날, 나는 학교 도서관에서 아주 반가운 제목의 책을 찾게 되었다.『죽은 시인의 사회』어쩌면 책을 읽는 것이 영화를 보는 것보다 더 감동을 줄지 모르겠다는 생각을 하며 그 즉시 책을 빌렸다.

줄거리

명문 고등학교인 웰튼에 존 키팅은 국어 교사로 부임하게 된다. 그는 웰튼에서는 찾아볼 수 없던 수업방식으로 학생들이 획일화된 사고의 틀을 깨도록 도와주었다, 그러던 어느 날, 닐, 녹스, 토드, 찰리, 카메론은 키팅 선생으로부터 '죽은 시인의 사회' 라는 모임에 관한 이야기를 듣게 되고 자신들이 그 모임을 이어가기로 한다. 그들은 학교 뒷산 동굴에서 서로 시를 읽으며 진정한 자신들을 찾게 된다. 닐은 자신의 진정한 꿈이 연극무대에 서는 것임을 발견하고 그 꿈을 이루기 위해 노력한다. 또한 녹스는 크리스라는 소녀에게 반하게 되고 그녀의 마음을 얻기 위해 용기를 내어 결국 사랑을 이루게 된다.

어느 날, 닐은 정말로 하고 싶었던 연극에 발을 딛게 되고, 닐의 아버지는 의사의 꿈을 이루어 주리라 믿었던 닐의 연극을 보자 군사학교로 전학을 시키려 한다. 꿈이 꺾인 닐은 그날 밤 권총자살을 하고 만다. 학교에서는 그에 대한 책임을 키팅 선생에게 돌려 웰튼에서 추방한다. 키팅 선생이 떠나던 날. 토드와 학생들은 책상 위에 올라가 '캡틴 마이 캡틴'을 외치며 눈물로 키팅과 작별을 나눈다.

인상 깊었던 부분과 그 이유

키팅 선생이 학교를 떠나던 날, 학생들이 책상 위에 올라가 '캡틴 오 마이 캡틴'을 외치며 눈물로 작별 인사를 하며 아쉬워하고, 키팅 선생은 '고맙다 얘들아, 고맙다!' 라는 마지막 뜻 깊은 인사. 이 장면은 매우 감동적이었다. 학생들은 놀란 교장의 명령에도 굴하지 않고, 키팅을 위해 학교의 권위의 상징인 책상 위에 올라가 캡틴 마이 캡틴을 외치는 모습은 나로 하여금 안타깝고 미안하며 굴복에 대한 참담한 학생들의 심정을 충분히 느낄 수 있게 해 주었다. 또한 '고맙다 얘들아 고맙다!' 하는 마지막 말은 가슴 아픈 키팅 선생의 마음이 독자인 나에게 자연스레 다가왔다.

이 책을 읽고 변화된 생각

나는 집단이나 사회를 원활하게 해 주는 것이 규칙이라고 생각해 왔다. 악법도 법이라 해서 그런 줄로만 알았다. 그 법을 위해서 희생하는 것이 지금 당장은 불합리해 보일지라도 미래의 안녕과 성공을 위한 것이라고 우리 사회는 내게 말해 주었고 나는 그 말을 따랐다.

나와 같은 사고를 가졌던 죽은 시인의 사회 학생들은 행복하지 않았다. 정해진 삶 속에서 진정한 자신을 찾지 못하였고 학교와 부모의 압박 때문에 마음대로 꿈을 펼칠 수도 없었다. 닐의 노력은 자살로 마감되고, 아이들은 학교의 권력에 고개 숙였다. 좋은 대학교에 진학하고 좋은 직장을 얻으면 경제적으로 성공할 수는 있다. 하지만 그 속에서 행복하지 않다면 그것은 누굴 위한 성공인가? 앞으로 우리 사회를 둘러싸고 있는 불합리한 제도와 인식을, 그 속에 숨어 있는 권력행사를 나부터 경계하고 바꾸려 노력해야겠다.

더 관심 갖게 된 분야

참교육에 대해 관심이 생겼다. 따라서 교육과 관련된 책도 언젠가 읽고 싶은 마음이다. 교육은 큰 힘을 가지고 있으며 그만큼 매우 중요하다고 생각한다. 교육은 학생들에게 고정된 지식 주입이 아닌 다양하고 올바른 사고를 할 수 있도록 해야 하며, 그 속에서 학생들의 능동성도 이끌어내야 한다.

죽은 시인의 사회에서 키팅이 교과서에 학생들의 능동적 사고를 막는 내용을 보고 그 부분을 찢어 버리라고 하는 장면은, 학생들로 하여금 옳지 않다고 생각되는 것에는 거부할 줄 아는 자세를 알려준 것이다. 우리 교육도 바로 그럴 필요가 있다. 학생들이 스스로 무엇이 옳고 그른지 생각할 수 있게 해 주어야 한다. 또한 진정한 자아를 스스로 찾을 수 있게 도와주어야 한다. 물론 변하지 않는 교과서와 반

대로 항상 변하는 사람을 다루는 일이 매우 어렵다는 것을 안다. 하
지만 독서에 답이 있다고 하지 않았는가. 교육과 관련된 책을 읽고
내 자신도 그 어려운 일을 어떻게 하면 효율적이고 현명하게 할 수 있
는지 알고 싶다.

실전사례글

『과학 콘서트』 정재승 외 1편

자기주도학습전형 –과학고 지원자–

저는 정재승의 『과학콘서트』와 아툴 가완디의 『나는 고백한다 현대
의학을』이라는 책을 가장 감명 깊게 읽었습니다.

시험을 볼 때 무작정 교과서만 외우던 저에게, 아인슈타인의 뇌 이
야기와 같이 상식적으로 알고 있었던 내용들을 비판하는 『과학콘서
트』는 새롭게 다가왔습니다. 백화점의 상업적 구조를 과학적으로 설
명한 부분을 읽고 난 후 며칠 뒤 엄마와 쇼핑을 갔을 때 이전과는 달
리 손님을 끌어들이기 위한 백화점의 책략을 엿볼 수 있어 재미있었
습니다. 이와 같이 실생활에 유용한 내용을 많이 담고 있어서 『과학
콘서트』는 상식이 부족한 저에게 더없이 좋은 책이 되었습니다.

또 아툴 가완디의 책은 직접 의료 활동을 하고 있는 의사가 레지던
트 활동을 할 때 겪었던 경험을 바탕으로 쓴 책입니다. 직접 겪은 경
험담이기 때문에 믿음이 갔고, 그 내용 또한 흥미로웠습니다. 그는
수술을 할 때 환자가 알지 못하게 수술 대상들을 레지던트들의 실습

용으로 삼고, 오류판정 또한 밝혀진 바보다 많다는 등 일반인들은 잘 알지 못하는 병원의 뒷얘기를 솔직하게 털어놓았습니다. 오래 전에 읽은 책이라 세세한 사례는 잘 기억이 나지 않지만, 자신이 종사하는 직업의 어두운 부분을 밝히려는 저자의 직업정신과 부정적인 면을 알면서도 묵인하지 않고 깊게 반성하는 모습에 깊은 감명을 받았습니다. 진로에 대해 많은 생각을 하는 시점에 놓인 저에게 올바른 직업관의 방향을 제시한 좋은 책이었습니다.

『거꾸로 읽는 세계사』 유시민

입학사정관전형 – 행정학과 지원자–

제가 감명 깊게 읽은 책은 『거꾸로 읽는 세계사』라는 책입니다. 저는 중학생 때까지만 해도 역사에 별다른 관심이 없었던 아이였습니다. 그런데 고1 때 국사 선생님께서 역사에 관한 책을 읽고 독후감을 써오라고 하셨습니다. 무슨 책을 읽을까 고민 하다가 우리 집 책장에 꽂혀 있던 이 책을 읽게 되었습니다.

이 책의 첫 부분에는 1800년대 말에 프랑스에서 단지 유태인이라는 이유 하나만으로 군대에서 누명을 쓰고 종신형을 선고받았다가, 정의와 진실을 위해 투쟁한 여러 사람들에 노력으로 무죄로 풀려난 '드레퓌스사건'에 대한 이야기가 수록되어 있습니다. 박해를 두려워하지 않고 진실과 정의를 위해 싸운 여러 사람들. 민주주의와 사회진보를 위해 싸운 여러 사람들을 읽어 보고 저는 가슴이 뭉클해졌습니다. 그래서 첫 내용부터 저의 감정과 이성을 자극시킨 이 책을 하루 만에

다 읽어버렸습니다. 수록된 각각의 사건들 마지막 부분에는 그 사건들의 역사적 의의와 앞으로 우리가 해야 할 일들이 적혀 있었는데 이 부분들이 저에게 깊은 생각에 잠기게 해 주었습니다. 여태까지 전혀 몰랐던 사건, 사고들을 읽으며 구체적이지는 않았지만 막연한 무언가가 내 머릿속에서 몽글몽글 피어나고 있었습니다. 특히, 핵 문제와 독일 통일에 대한 이야기는 앞으로 우리나라가 헤쳐 나가야 할 문제와 연관이 있었기 때문에 더욱 그러했습니다. 그리고 독일 통일에 대한 이야기는 행정가가 되어서 통일부에 들어가 우리나라에 적합한 통일안을 만드는 데 참여하고 싶다는 생각을 처음으로 하게 해 주었습니다. 어렸을 때는 그냥 멋있어 보이고 좋아 보이던 선생님, 약사, 치과의사, 회계사와 같은 장래 희망을 꿈꾸었지만 이번에는 달랐습니다. 막연한 상태로 '하고 싶다'가 아니라 '우리나라가 통일하는 데 이바지하고 싶다.'라는 뚜렷한 목표와 목적이 생겼습니다. 이 책은 저에게 확고한 꿈을 갖게 해 주었습니다. 이는 저의 미래관을 형성하는 데 큰 도움이 되었습니다.

『한국인 전용복』 전용복

-입학사정관제 멘토링 지도사-

나는 예술 작품을 대할 때 음악은 음악 자체의 느낌을 중요시 여기고, 미술은 작품 속에 녹아 있는 작가의 정신을 더 중요하게 생각한다. 일반적으로 봤을 때 음악은 귀로, 몸으로 감상하기가 쉬운데 반해, 미술작품은 눈으로도 질감으로도 쉽게 느껴지지 못할 경우가 많다. 이는 미술을 감상할 때 작가에 대한 더 깊은 이해가 필요하기 때문일 것이다. 옻칠로 세계를 감동시킨 예술가 전용복의 자서전은 옻칠공예품 자체가 내겐 낯설기 때문에 더욱 나의 주의를 끌었을 것이다. 표지에 있는 저자의 사진, 그 사진 속에 있는 손톱 사이사이 낀 까만 옻은 그가 온 몸과 마음을 작품을 위해 얼마나 던졌는지를 한눈에 알게 한다. 그래서 그 손톱의 비밀을 더 알고 싶어졌다.

  가난함과 우울한 가정환경으로 형성된 의기소침한 전용복에게 탈출구는 그림이었다. 어려움 때문에 미대진학을 하지 못하고 가구회사에 취직하게 되는데 이때부터 그는 그만의 창의적이고 독특한 미술세계를 가구와 접목시켜 단숨에 부산에서 훌륭한 가구제작자가 된다. 하지만 새로운 것에 대한 욕망, 현실과 타협하기 위해 끓어오르는 창작욕구를 억누르지 않겠다는 다짐이 그를 경기도 마석에 공방을 차리게 하였고 서울 지역의 고급 가구상들은 그동안 한 번도 본 적이 없는 희소성으로 가치가 빛나는 그의 작품에 열광하게 된다. 새로운 작품에 늘 목말라하던 당시의 그는 옻칠의 신비에 빠져들게 되었고 옻칠의 나라 일본을 방문하면서 그들의 옻칠기술의 정수가 바로 우리 조상의 기술임을 알게 된다.

  그러던 중 메구로가조엔이라는 일본의 대규모 호화 연회장의 복원을 위해 자신의 모든 것을 걸게 된다. 메구로가조엔의 작품들은 옻칠과 나전, 일본회화를 총망라한 것인데 그곳의 작품에서 그들이 얼마나 조선식 나전기법을 선호했는가를 알게 되고 복원을 위해 준비하는 2년여의 기간 동안 일본어, 여러 가지 나전기법, 기술 등을 완벽하게 준비하게 된다. 자존심 강한 일본인들이 우리 돈으로 총 1조 원이

넘는 대형 프로젝트를 무명의 한국 장인에게 맡긴다는 것이 불가능해 보였지만 전용복 특유의 투지와 신념, 실력으로 세계에서 유래가 없는 이 건물의 미술품 복원공사를 하게 되었다. 이후로 수많은 어려움과 고난이 있었지만 완벽을 향한 열정으로 자신의 인생은 물론 가족, 함께 하는 장인들의 모든 인생을 걸고 메구로가조엔에 조선 장인의 혼을 살려냈다. 3년간의 긴 복원기간이 끝나고 60년 만에 새로 태어나는 메구로가조엔의 개관식 때에는 태극기가 휘날리는 영광을 누렸고 그 모든 수고와 노력을 한국 장인들의 승리로 승화시켰다.

 그 후 그는 잊혀 가는 옻칠 문화를 위한 집념을 가지고 자신만의 독창적인 세계를 펼쳐 보이기 위해 많은 새로운 시도와 작품을 꾸준히 하고 있고, 일본의 옻칠 대표도시 모리오카 시의 이와야마 칠예미술관을 개관해 운영해 왔다. 2010년 3월 이 미술관은 일본사람들의 정치적 입장으로 문을 닫게 되었으나, 그는 현재 이와데 현에서 일어나는 모든 예술, 문화를 관장하는 문화예술 심의 위원회 위원으로 활동하고 있다.

 이 책은 처음부터 끝까지 책을 손에서 놓을 수 없는 긴장감을 내게 주었다. 전용복 씨의 옻칠예술에 대한 불타는 집념이 나를 붙잡는 듯했고 그의 정의가 아니면 타협하지 않는 정신과 불굴의 의지는 삼십여 년을 살아온 내 인생을 계속 돌아보게 했다. 그의 강한 목소리가 내게 숨 쉬고 있다면 그렇게 얼렁뚱땅 쉽게 살려고 하지 말고 혼신의 힘을 다해 꿈과 목표를 향해 내 인생을 던지라고 말하는 것 같았다. 그의 직업은 미술가요, 옻공예 예술가이지만 그는 화려한 말이 필요치 않는 철학자요, 행동하는 지성인이요, 한민족의 정신을 계승하려는 진정한 문화대사이며 외교관이다. 하지만 그가 그처럼 나라와 민족을 사랑하고 조선옻칠의 장인정신을 이어받으려 하는 열정에 비해 우리나라 예술계의 현실은 그 큰 그릇을 품기에 너무나 메마르고 조잡하다. 세계가 인정하는 이 예술가가 어찌해 일본에서만 그리도 왕성히 활동하고 이 땅으로 오지 못하는가에 대한 문화적 수치심을 느낀다. 한국의 혼을 깨우는 불멸의 위대한 유산인 옻칠이 왜 이곳을 깨우고 있지 않고 일본을 깨우고 있는가에 대한 작가의 아쉬움과 분노를 함께 갖게 된다.

예술가는 결국 대중의 인정을 먹고 산다. 예술가를 인정해 주는 환경이 없으면 예술가는 그곳에 존재할 수가 없게 된다. 칠예가 전용복의 일생을 보며 예술을 꿈꾸는 나에게 새로운 긍정적 변화가 일어났다. 어떤 작은 예술가의 작품이라도 인정해 줄 수 있는 환경을 제공하는 것. 그것이 나의 꿈이라면 분야, 나이, 학력, 국적 등의 모든 제한적인 요소들을 제거하고 그들의 작품 그대로를 받아들이고 인정하는 것이 내가 꿈꾸는 아트센터의 추구해야 할 가장 큰 요소일 것이다. 다양성 속에 드러나는 일치와 조화를 꿈꾸며 내가 제공하는 작은 기회가 예술을 사랑하는 많은 사람들의 큰 희망과 삶이 되길 바란다.

작가 특유의 자신감 넘치는 어조는 독자들로 하여금 약간의 반감을 사게 할 수도 있겠으나 그의 진실하고 훌륭한 인생 자체가 그런 어조를 다 덮어 버리게 한다. 집념과 투지로 가득 찬 한국인 전용복의 자서전은 요즘의 의지가 약하고 스스로 인생을 개척할 능력이 부족한 젊은이들에게 큰 힘을 불어넣어 줄 수 있을 것 같다. 이 책에 그의 많은 작품사진이 실려 있는데 감동스런 그의 옻칠작품을 담아 내기엔

책의 크기나 화질이 약간 안 맞는 것 같다. 다음 번 개정판은 아예 화
보집처럼 좀 크고 화려하게 만들어 자서전 자체가 전용복 작가의 화
보집 역할을 하게 되면 좋지 않을까 생각해 본다.

더 읽어 볼 책

도서명	저자
세계명문 직업학교	동아일보국제부
준비가 알차면 직업이 즐겁다	탁석산
의사가 된 후에야 알게 된 위험한 의학 현명한 치료	김진목
프라다 이야기	잔 루이지 파라키니
내 인생을 특별하게 만들어 줄 멋진 직업	캐롤린 보이스

MAJOR

전공,
독서 포트폴리오

아는 만큼 살린다.
모르면 나도 모르는 사이에 다른 사람을 해친다.

　대학은 진리탐구의 장이라 부른다. 왜 그럴까? 요즘처럼 대학도 경영으로 인식되는 상황에서 이러한 질문은 고리타분함을 넘어 답답한 이야기로 들릴지 모른다. 하지만 대학은 그 사회의 공공영역에 대한 일정 부분의 책임으로부터 자유로울 수 없다. 특히 대학교에 소속되어 있는 교수집단은 지성인으로서 그 사회의 판을 짜고 그 판이 제대로 돌아가도록 지도, 관리, 감독할 책무가 있기 때문이다. 그래서 역사는 지성인들이 어떤 목소리들을 내느냐에 따라서 그 사회의 흥망성쇠가 결정된다고 말한다. 그래서 예나 지금이나 대학은 명예의 상징으로 통한다.

　최근에 만난 재수생의 이야기를 통해 우리 학생들은 대학을 어떻게 이해하고 있는지 들어 보자.

필자 학생은 성적이 꽤 좋은 편인데 작년에 입학하지 않고 재수를 선택한 특별한 이유라도 있나요?

학생 대학이면 다 대학인가요? 우리 사회는 학벌이 중요하잖아요. 그래서 1년 늦게 다니더라도 알아주는 대학에 들어가려고 재수하고 있어요.

필자 그랬군요. 그런데 그와 같은 생각은 언제부터 하게 된 거죠?

학생 글쎄요. 초등학교 때부터 부모님이나 선생님들에게서 귀가 따갑도록 많이 들어서…….

필자 좋아요. 그럼 학생은 무엇을 전공하고 싶으세요?

학생 경영 쪽을 원하는데 워낙 경쟁이 심해서……, 상황 봐서 비인기 학과도 생각하고 있어요.

필자 대학도 중요하지만 전공적성이 맞지 않으면 들어가서도 힘들 거라는 생각은 안 해 봤나요?

학생 일단 들어가면 복수전공을 하든 뭐……, 다른 방법이 있을 거라고 생각합니다.

필자 그러면 학생은 졸업 후 진로는 정했나요?

학생 회사에 취직했다가 나와서 CEO 하려고요.

위 학생 사례를 일반화해서 설명하기는 어렵겠지만 한 가지 분명한 것은 우리나라는 대학 선택이 전공 선택보다는 우위라는 점이다. 이것은 무엇을 의미할까? 대학은 학생이 주도적으로 필요해서 가는 것이 아니라, 사회에서 필요로 여기기 때문에 가 준다는 뜻이다. 이러한 주객전도의 수동적인 사고와 태도는 기존의 선발방식에서는 통했지만 입학사정관제에서는 비웃음의 대상이 될 뿐이다. 새 제도는 주도적이며 창의적인 역량을 평가기준으로 삼기 때문이다.

다시 처음 질문으로 되돌아가 보자. 대학은 왜 진리탐구의 장인가? 적어도 대학에 들어가려는 사람은 개인과 사회가 더 성숙하고 성장하게 하려는 사명의식이 필요하다. 사회구성원들은 지성인 집단인 대학과 대학생들에게 기대와 함께 직간접적으로 투자를 하고 있기 때문이다. 진리탐구에 대한 정의는 다양하지만, 현재보다 더 건강한 삶을 살기 위한 치열한 고민이라고 일반화해 보자. 그렇다면 대학진학과 전공 선택은 진정성이 절대적이다. 진정성이 결여된 학문은 지식은 쌓을지 모르지만 세상을 긍정적으로 변화시키는 데는 한계가 있다. 그렇다면 무엇이 진정성인가? 그것은 앞에서 논의했던 나만의 꿈과 직업을 건강하게 수행하기 위한 신중한 선택이다.

필자가 작년에 멘토링했던 고3 학생이 떠오른다. 이 학생은 원서접수가 임박한 상황에서 자기소개서와 포트폴리오 방향이 제대로 쓰였는지 점검받기를 원했다. CEO가 꿈이며 경영학과를 지망하는 이 학생의 자기소개서를 읽어 보니 자기 소개가 아니라 자기 집안의 소개였다. 할아버지의 자본력으로 아버지가 만든 회사를 잘 이어받아 돈을 많이 번 다음 진학하려는 학교에 장학금을 듬뿍 기증하겠다는 내용이었다. 포트폴리오는 아버지 회사에서 인턴생활을 했던 내용과 아버지 지인인 CEO들을 인터뷰한 것, 추천서로 작성되어 있었다.

필자 입학사정관제에서는 진정성이 가장 중요한데 학생은 이것이 결여된 것 같네요.

학생 진정성이 뭐예요?

필자 마음으로, 생각으로, 행동으로 진실 되게 표현하는 거예요.

학생 그렇다면 저는 진정성은 충분히 갖추었다고 봅니다.

필자 무엇을 갖추었다는 거죠?

학생 제가 작성한 서류는 거짓 없이 모두 사실만을 기록했거든요.

필자 사실과 진실은 다르잖아요? 학생은 대학에서 경영학을 전공하
　　겠다고 했는데, 경영학 = 돈이라고 판단하는 것은 사실일지는
　　모르지만, 학문을 목적으로 하는 대학의 기준에서 보면 진실성
　　이 결여되었다고 볼 수 있어요.

학생 아직도 이해가 잘……

　꿈과 직업 그리고 그것을 이루기 위한 전공 선택, 이 하나하나가 진
정성이 있을 때 비로소 자기주도적인 진리의 공부라 할 수 있다. 진
리는 건강한 판단의 근간이 된다. 따라서 참된 앎은 나와 관계 맺는
대상과 긍정적인 영향을 주고받을 수 있게 한다. 반면에 제대로 알지
못하면 나의 선한 의도와 관계없이 나와 관계하는 사람들에게 해를
끼칠 수 있다. 그 해를 최소화하기 위해 진리를 탐구하는 것이다.

전공과 전공 간의 벽을 허물고,
서로 필요한 영역 간에 창조적 결합을 도모하라!

　요즘 학계에서는 '통섭'과 '융합'이 화두다. 전공과 전공 간의 벽을 허물고 서로 필요한 영역 간 창조적 결합을 도모하자는 이야기다. 학문의 세계는 넓고, 깊고, 높아서 한 생애에 두루 섭렵하기란 쉬운 일이 아니다. 그래서 관심분야 하나를 정해 집중적으로 파고드는 것이 기존 학문의 관례였다. 한 우물을 파다 보면 물길을 찾을 것이고, 물길은 서로 통하니 결국 하나의 진리에 도달한다는 논리다.

　공부는 공부로 그치지 않는다. 공부내용은 그 사람의 삶의 내용이며, 공부습관은 그 사람의 생활습관으로 이어진다. 몇 해 전 정년퇴임한 한문학 교수가 이런 말을 했다.

　"나는 잘못 살았어, 그놈의 한문에 갇혀서 세상을 제대로 보지 못했거든! 세상의 모든 것들을 한문으로 환원하려 했고 한문이 아니면 받아들이지 못했지. 세상에는 무수히 많은 언어와 문화와 종교와 학문이 있었는데……."

　참으로 어려운 고백을 들었다. 일반적으로는 이러한 전공의 달인에게 존경과 찬사를 보내는데 정작 당사자는 전공에 구속되어 살아온 인생을 한탄하다니…….

　공부는 자유로워지기 위해서 한다. 전공은 전부가 아니라 독자의 꿈을 이루는 하나의 길일 뿐이다. 꿈은 종합적이며 유기체적 성격을 지니기 때문이다. 따라서 자기주도적인 전공 독서란 꿈을 이루는 데 필요한 다양한 요소들을 재구성하며 읽고 받아들이는 것이다. 마치 식단이 정해지면 그 요리를 만들기 위해 다양한 식재료들을 사용하는 것처럼. 또한 전공 독서는 넘나들기를 잘해야 한다. 과학자가 꿈이라 해서 자연과학 서적에만 몰두해서는 안 된다. 한쪽으로 치우친 독서는 균형 잃은 사람으로 인식되기 때문이다. 특히 청소년기는 인문, 사회, 자연, 예술분야 책읽기를 통해 세상 보는 눈을 넓혀야 한다. 그리고 전공 독서는 가로지르기를 해야 한다. 넘나들기가 전공과 전공 사이의 경계선을 허무는 독서라면, 가로지르기는 여기서 한발 더 나가서 서로 다른 전공과 전공을 결합해 나만의 전공영역을 확보하는 것이다. 가령 경영과 스포츠의 결합이라든가, 외교와 예술의 결합, 미술과 심리, 음악과 수학, 정치와 과학, 의학과 법학, 문학과 공학 등 기존의 전공에 대한 고정관념을 깨고 새로운 나만의 전공영역을 창조하는 것이다.

전공 독서에 앞서서 나의 진학동기와 전공에 대한 생각을 점검해 보자.

첫째_ 나는 지적호기심이 왕성한가?

둘째_ 나는 점수에 맞추어 학과를 선택하지 않을 것인가?

셋째_ 나는 새로운 것을 알아가는 게 행복한가?

넷째_ 나는 취업 때문에 대학을 진학하지 않을 것인가?

다섯째_ 나는 진리가 무엇인지 궁금한가?

여섯째_ 나는 배움에는 끝이 없다고 생각하는가?

일곱째_ 나는 아는 것을 실천하려고 노력하는가?

여덟째_ 나는 사람들을 바른 길로 인도하고 싶은가?

아홉째_ 나는 내가 선택한 전공에 대해서 일인자가 되고 싶은가?

열째_ 나는 아는 체하지 않는가?

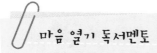

진로 발견에도 따라야 할 정석이 있다고?

"수학에만 정석이 있는 줄 알았는데, 진로 발견에도 정석이 있다고?' 물론이다.

먼저 나라는 사람이 누구인지 성격, 흥미, 적성과 가치관 검사를 통해 진단을 내린다. 진단을 통해 얻은 결론을 바탕으로 자신에게 동기부여가 되는 어떤 것을 찾고, 계획의 단계로 넘어간다. 계획은 구체적으로 세울 때 실천력이 강해지므로 자신의 내부, 외부적인 상황을 잘 파악한 후에 세운다. 또한 중도에 포기하지 않고 계획대로 꾸준히 나아가기 위해서는 매칭의 단계를 거쳐야 하는데, 직업군 멘토인 롤 모델을 만나 보거나 목표로 삼은 대학을 방문해 의지를 단련시키는 것이다. 학습 설계도와 사명서 등을 이용해 꾸준하게 피드백을 하면서 자신이 선택한 길이 올바른 것인가 되돌아보는 것이 중요하다. 이러한 일련의 과정이 바로 꿈으로 향하는 선순환의 구조이자 진로의 정석이다."

성공한 사람들이 들려주는 천금 같은 이야기

"10대는 꿈을 이루고자 하는 자신이 어떤 사람인지 알아야 되는 시기야. 그리고 20대는 꿈에 다가가기 위해 전문성을 키우는 기초 작업을 튼튼히 해야 하는 시기이고. 이 두 시기야말로 앞으로의 삶의 모습을 결정하는 데 매우 중요한 시기라고 할 수 있어. 이 두 시기를 바탕으로 30대 때는 선택과 집중을 통해 본격적으로 꿈을 펼쳐야 하거든."

엄명종 「진로의 정석」 중에서

책 속 멘토와 대화 나누기 ------------------ *전공*

『수학 비타민 플러스』 박경미

내용 요약

이 책에서 저자는 숫자로서의 수학 이전에 본래 수학의 모습을 생활 속에서 찾아 얽힌 실타래 풀 듯 이해를 돕는다. 생활 속의 수, 대수, 기하학, 통계와 확률을 기초로 시야를 넓혀 간다. 예술 속에도, 자연 속에도, 역사 속에도 수학의 존재를 증명하며 수학으로 세상을 보는 눈을 키운다. 현재 우리가 쓰는 아라비아 숫자, 아니 인도 숫자는 이집트, 그리스 숫자에서 표기의 편리성을 위해 진화해 왔으므로 살아있는 학문이라고 주장하는 내용. 바코드 속에 숨어 있는 숫자의 원리와 신용카드, 주민등록 번호 안에 감춰진 안전장치 등을 알려주어 일상의 무관심을 꼬집고 있다.

작가는 또 마티스의 추상적인 그림에서도 위상수학이라는 현대수학의 아이디어를 찾아내고, 조선과 중국의 수학자들이 실력을 재기 위해 한판 겨루기를 한 일화에서 서양과 동양의 수학풀이 방식이 서로 다름을 비교하기도 한다. 수학이 경직된, 가까이 하기엔 거북한 사람들에게 수학은 수더분하고 소탈한 학문이라고 은근히 부추긴다.

인상 깊었던 부분과 그 이유

'수학 사랑'이라는 사이트를 통해 책보다 먼저 저자 박경미 씨를 알게 되었다. 숫자라는 기호로 문제를 해결하는 골치 아픈 학문이라고만 생각하다가 다양한 분야에 숨겨진 수학의 원리를 찾아낸 저자의 해박한 전공 지식은 신기하기만 했다. 기능적 수학의 모습이 우리가 가지고 있는 전부라고 해도 지나친 생각은 아닐 것이다. '사는 데 불편함이 없는데 왜 수학을 공부하는 걸까? 이는 이 땅의 대부분 학생들이 느끼는 것으로 이렇게 기능적인 수학으로 접근했기 때문일 것이다. 저자는 이렇게 콩알만 한 지식을 전부로 알고 있는 많은 사람들에게 학문의 본질로서의 수학을 말하고 있어 전공의 깊이에 감탄하게 만든다.

배우는 지식마다 지식 그 이상의 가치를 가지고 있음에도 시험에 길들여지다 보니 학문을 확장할 여유는커녕 핵심이라는 이름으로 축소 지향의 공부를 해 왔다. 수학이 추구하는 진리는 치밀하고 엄정한 사고, 정직하고 올곧은 품성을 길러 주는 교과라고 저자는 말한다. 그래서 수학 선생님이나 수학을 잘하는 친구의 성품을 보면 냉정하면서 맺고 끊음이 명확한 것을 볼 수 있다.

어떤 한 분야에 깊이 있는 탐구가 이루어지게 되면, 인성은 물론 삶의 철학까지 영향을 준다. 자신의 전공분야 역할을 치밀하게 짚어 내교류할 수 있음을 저자를 통해 다시 한 번 체감한다.

전공과 관련해 자기 생각 펼치기

수학 교육을 전공한 저자는 어릴 적부터 꿈꿔온 일이 수학 교사였다. 목표를 이루었으나 더 깊은 전공소양을 쌓기 위해 외국에서 공부해 박사학위를 따고 연구원 생활을 한다. 원하는 공부를 원하는 만큼 할 수 있다는 것은 학문도, 학문을 하는 사람도 행복한 일이다. 진리는 늘 살아서 움직이는 것이어서 학문의 끝이 있을 수 없다. 양파 껍질을 벗기는 것처럼 새로운 살이 생겨나듯 새롭게 도전해야 할 호기심이 살아나기 때문이다.

점수에 맞춰 전공을 선택하다 보니 전과나 반수가 잦은 요즘 세태를 보면 전공 소양을 갖춘 깊은 이해보다 '적당한' 선에서 멈추는 공부가 많다. 그래서 다른 분야와 연결고리를 찾지 못한 채 반쪽 학문으로 단절된 사례를 종종 본다. 과학의 범주 안에서도 천문학과 생명공학은 전혀 별개의 학문처럼 여겨지고, 역사와 사회 문화가 별도로 다뤄지고 있는 것처럼 말이다.

시각디자인 전공을 목표로 하고 있는 나는 요즘 철학과 신문을 탐독 중이다. 시각디자인은 눈으로 소통하는 언어다. 전 세계인이 공통으로 사용하는 초월적 언어다. 역사와 사회와 민족과 문화가 다를지라도 한 컷의 그림으로 의미를 통할 수 있게 하기 때문이다. 사회를 반영하고 시대를 풍미할 수 있는 도구이며, 생각이 그림으로 표현되는 창의적이며 보편적인 소통의 도구로 큰 가치를 가지고 있다. 그래서 삶의 문제를 고민하는 철학과 그 시대의 문화를 담은 시사는 전공소양을 쌓는 데 중요한 공부다.

디자이너는 보편성이 생명이다. 특히 요즘처럼 기술의 발전이 초고속인 디지털 세상에서 디자이너가 갖추어야 할 소양은 다양성과 복합성을 함축한 시대의 문화를 쉽게 이해할 수 있도록 하는 창의적 발상을 키우는 것이다. 『수학 비타민 플러스』의 저자 박경미 씨처럼 꿈을 담은 직업에 관련된 전공분야의 완성을 위해 어려운 수학을 친근한 수학으로 인식을 전환시켰듯이, 디자인의 속성인 시각언어가 국가와 민족을 초월한 하나의 정서로 맥락을 이어가기 위한 고민을 쉬지 않을 것을 다짐한다.

내가 읽은 전공 독서

주요내용:

인상 깊은 부분과 이유:

나의 전공과 관련해 더 관심 갖게 된 분야(부분):

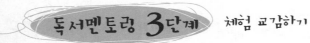

생각을 온몸으로 체감하기 ----------------●

체험 교감

☺ 흥미 있는 학과 조사하기

☺ 캠퍼스 투어하기

☺ 교수나 교사에게 전공도서 추천받기

독서멘토링 4단계 포트폴리오 창조하기

자기비전 디자인하기

나의 전공과 관련해 독서 포트폴리오 만들기

독서 포트폴리오

🖐 이 책을 읽게 된 동기, 계기를 나의 전공과 관련해 적어 보자.

🖐 이 책의 줄거리를 간략하게 소개하고, 특히 인상 깊었던 부분과 이유를 나의 전공과 관련지어 정리해 보자.

🖐 이 책을 접하기 전과 후의 변화과정을 나의 전공과 관련지어 정리해 보자.

🖐 이 책에 대한 평가와 이 책을 통해 더 관심 갖게 된 분야, 그리고 더 읽어 보고 싶은 책을 나의 전공과 관련지어 정리해 보자.

『과학 혁명의 구조』 토마스 쿤

동기

자연과학 계열을 공부하려면 반드시 『과학혁명의 구조』를 읽어야 한다는 말을 고등학생 형에게서 들었다. 그 형 역시 물리학자가 되기 위한 꿈을 가지고 있는데 학교에서 필독서로 읽으라는 과제가 있었다고 한다. 어렵지만 꼭 읽어 둘 만한 책이라는 권유로 용기를 내어 선택했다. 하지만 책을 펼치자마자 막막할 정도로 어려웠다. 그래도 시간을 가지고 꼼꼼히 반복해 읽는다면, 이해할 수 있을 것이라고 확신이 들어 단단히 각오하며 읽기 시작한 책이었다.

줄거리와 인상 깊었던 부분

과학사 학자는 언제 누구에 의해서 과학적인 사실, 법칙, 이론이 발견되었는지, 현대의 과학의 오류, 미신 등은 무엇인지 찾아내고 설명해야 한다. 그리고 과학은 평범한 발견과 발명에 의해서가 아니고, 그 시대의 패러다임에 맞는 것을 관찰하고 발전시켰을 때 발달한다. 그래서 현재의 관점에서 과거의 과학을 보면 틀린 것처럼 보이지만 그 시대의 패러다임에서는 옳은 것이고, 지금은 패러다임이 바뀌었기 때문에 다르게 보이는 것이다. 즉, 시대에 뒤진 이론들이 폐기되어 버렸다고 해서 원칙적으로 비과학적인 것은 아니다. 또한 새로운 사실을 받아들이는 것은 이론의 추가적 조정이 필요하며 그 조정이 완료되기까지, 즉 새로운 패러다임이 생기기까지 새로운 사실은 결코 과학적 사실이 되지 못한다.

정상 과학은 과학적 성취에 기반을 둔 연구활동인데, 그 성취는 패러다임에 맞는 과학의 진보이며 규칙도 존재해야 한다. 그리고 정상 과학은 새로운 현상이나 개념을 얻어내는 것을 목표로 생기는 것이 아니라 욕구, 희망, 충동 등 때문에 생긴다.

정상 과학의 규칙은 일반화의 유형이고 일반화는 과학적 법칙과 개념, 이론에 관한 명확한 진술이다. 그런데 규칙은 패러다임으로부터 파생된다. 즉, 패러다임은 규칙이 존재하지 않는 상황에서도 연구의 지침이 될 수 있으며 어느 연구 규칙보다도 우선적이고 더욱 완전하다.

발견은 이상 현상을 지각함으로써 시작된다. 다시 말해 자연이 그 당시의 패러다임을 위배했다는 것을 인식하는 것으로부터 시작된다. 때문에 새로운 패러다임은 다른 관점으로도 볼 수 있는 사람에게만 그 모습을 드러낸다. 그리고 새로운 패러다임은 보통 그 과학의 종사자들이 쉽게 접할 수 있는 관찰과 실험을 잘 설명한다. 그런데 더욱 발달해 전문화되면 패러다임의 변화에 대한 저항으로 작용해 과학이 경직되어 간다.

이상현상의 발견은 전문가 집단에서만 가능하다. 그러나 그 전문가는 그것을 인정하기 쉽지 않다. 왜냐하면 선두 그룹에 서 있기 때문이며 지금까지의 경력에 흠집을 내고 싶지 않아 한다. 토마스 쿤의 이 지적은 모든 분야의 전문가들이 가지고 있는 생각일 것이다. 용기 있는 사람만이 이 오류를 인정하고 보완할 때 진정한 전문가가 될 수 있다는 것을 다시 한 번 확인하게 되었다.

이 책을 읽고 변화된 생각

과학자는 엄격함을 갖추어야 한다. 인성도 그렇고 판단도 그렇다. 세상을 바꾸고, 현재의 모순을 바로잡는 일을 하고 있기 때문이기도 하지만 과학자의 판단으로 만들어진 이론은 마치 세상에서 진리처럼 믿는 이유에서이다. 과학뿐 아니라 다른 분야의 전문성을 갖춘 전공자들도 마찬가지라는 생각이 든다. 선두그룹은 수많은 전공자를 이끌어 나가는 집단이기 때문에 그만큼 책임감과 신중함을 필요로 한다.

그러나 사람은 늘 실수를 하고, 진실이라고 믿어 의심치 않았던 것들도 세월이 흘러 달라질 수 있다. 그렇기 때문에 자신의 이론을 수정해야 할 때가 있다는 것도 인정해 변화를 느끼고 대처할 수 있는 용기도 있어야 한다. 그때그때 늘 점검하고 돌아보는 성찰의 태도도 이 책을 통해 내가 키워가야 할 자질이라는 것을 숙제로 얻었다.

실전 사례글

『행동경제학』도모노 노리오

입학사정관전형 – 경제학부 지원자 –

행동경제학이란, 비교적 신생학문으로서 기존 경제학과는 조금 다른 의견을 말하고 있다. 행동경제학은 1970년대 이후부터 연구되기 시작해 대표적인 학자로는 카너먼과 사이먼이 있다. 이 책은 행동경제학을 경제학과 심리학의 만남이라고 표현하고 있다. 행동경제학은 기존의 경제학이 가정하고 있는 완전히 합리적이고 경제적인 판단은 불가능하다고 말한다. 경제주체들이 모두 합리적인 것이 아니고 우리가 가질 수 있는 정보도 제한되어 있는 등 현실적인 제약이 너무 많기 때문이다. 이 책은 행동경제학에 대한 전반적인 내용을 소개해 주며 우리가 가지고 있던 경제학의 문제점과 현실적으로 적용 가능한 경제학적 이론을 찾기 위한 노력을 보여준다.

나는 이 책을 읽으면서 내가 기존에 알고 있던 경제학과 전혀 다른 내용을 접할 때마다 신선한 충격들을 받았다. 나는 이전에는 기존 경제학에서 가정하고 있는 것처럼 개인들이 경제활동에 있어서 지극히 합리적이고 경제적인 사고를 하고 그에 따른 판단을 할 것이라고 생각해 왔다. 그러나 행동경제학에서는 현실세계에서 이뤄지는 대부분의 개인들의 경제학에서 가정하고 있는 합리적인 인간의 모습과 다르다는 것을 여러 가지 사례를 가지고 보여준다. 특히 기억에 남는 몇 가지 사례를 말해 보자면, 경제 주체들이 모두 완전히 합리적인 사람들이라면 어떠한 경제활동을 하더라도 그에 관련한 모든 정보를 찾아 보고 그에 따른 선택을 해야 한다. 하지만 우리는 대부분 선택을 할 때에 있어서 제한된 정보를 가지고 오류를 범하며, 직감에 의존해 선택을 하는 경우가 많다. 예를 들어 사람들은 동전을 던질 때 언제나 앞면과 뒷면의 확률은 1/2로 같다는 것을 알면서도 5번의 동전 던지기를 하는데 앞에서 4번 연속 앞면이 나왔다면 다섯 번째 시행에서 뒷면이 나올 확률이 크다고 생각한다. 또한 같은 확률이라도 나에게 이득이 될 가능성이 있는 사건에 대해서는 과대평가하는 반면, 위험에 대해서는 과소평가하는 경우도 있다. 그리고 경제적 인간이라면 항상 여러 가지 상품들에 대한 효용을 비교해 더 높은 효용을 가지는 쪽을 선택해야 한다. 하지만 우리는 현실에서 이러한 일관된 판단을 하지 않을 때가 많다. 예를 들어 짬봉보다 자장면에서 더 높은 효용을 느끼는 사람은 언제나 자장면을 먹어야 하지만 우리는 현실에서 어제 자장면을 먹었다면 오늘은 짬뽕을 선택하고 기분에 따라 다른 선택을 하는 등, 일관된 선택을 하지 않는다.

　이러한 현상들이 나타나는 이유는 대부분의 인간들이 선택에 있어서 수학적이고 논리적인 계산보다는 행동 경제학에서 말하는 휴리스틱과 바이어스, 즉 직감과 편견에 의존하기 때문이다. 이러한 것들은 인간이 기존 경제학에서 말하는 것처럼 완전히 합리적인 인간이 아님을 보여준다. 휴리스틱과 바이어스는 인간이 기존경제학에서 말하는 완전히 경제적인 선택을 하지 못하게 방해하기도 하지만, 어찌 보면 인간에게 실로 적합한 판단 기준일 수도 있다. 실례로 일본의 경제학자인 시오자와 요시노리가 조사한 바로는 슈퍼컴퓨터를 이용할 경우 10가지의 상품 중에 경제적으로 가장 적합한 해답은 찾는 데에는 0.001초가 걸리지만 30가지일 때는 17.9분 40가지일 때는 12.7일 50가지일 때는 35.7년이 걸린다고 한다. 이는 인간이 완전히 경제적인 판단을 해서 선택을 하려면 평생 선택을 하지 못할 수도 있다는 것을 보여준다. 그렇기 때문에 대부분의 인간들은 '제한된 합리성'을 가지고 직감에 의존한 판단을 하게 되는 것이다.

　이 책은 나에게 충격 그 자체였다. 내가 그 동안 공부해 왔던 경제학적인 지식들이 현실적으로 적용될 수 없다니. 또한 행동경제학에서 말하는 것들이 내가 현실에서 너무나 많이 경험하고 봐왔던 것이고 익숙한 것들이어서 다시 한 번 놀랄 수밖에 없었다. 나는 이러한 충격 때문에 현실경제학의 큰 매력을 느꼈다. 그래서 다른 여러 가지 매체를 통해서 행동경제학에 대해서 알아보았고, 행동경제학에는 프로스펙트 이론과 프레이밍 효과, 시간 선호 등 우리가 일상생활에서 쉽게 접할 수 있지만 기존 경제학과는 다른 주장을 하는 이론들이 많다는 것을 알게 되었다. 나는 이러한 이론들을 보면서 행동 경제학이 신생학문으로 아직 완전한 이론 체계를 갖춘 분야는 아니지만 충분히 가능성이 있는 학문이라고 생각했다. 그래서 내가 나중에 경제학에 대한 지식을 충분히 쌓은 뒤에는 행동경제학에 대한 깊은 탐구도해 보고 싶다는 생각을 했다.

나는 이 책을 읽으면서 인간 기호의 비일관성에 대한 사례를 보면서는 기존 경제학의 틀에서도 설명이 가능할 것이라고 생각하는 등 비판적으로 바라본 부분도 없지 않다. 앞서 말했듯이 이 책에서는 짬뽕보다 자장면에서 더 높은 효용을 느끼는 사람은 언제나 자장면을 먹어야 하지만 우리는 현실에서 어제 자장면을 먹었다면 오늘은 짬뽕을 선택하는 경우가 있다고 말하기도 한다. 나는 이 부분에서 기존경제학의 '한계효용론'을 가지고 이 현상을 설명할 수 있을 것이라고 생각했다. 한 개인이 자장면에 대한 효용이 짬뽕보다 높을지라도 어제 자장면을 먹었다면 자장면에 대한 한계효용이 감소했을 수 있고 이 경우에는 짬뽕의 효용이 자장면의 현재 효용보다 높아서 짬뽕을 선택할 수도 있기 때문이다. 내가 단편적인 지식을 가지고 비판을 하는 것일 수도 있지만, 행동경제학이 신생 학문이기 때문에 아직은 여러 가지 허점과 문제점들이 많다는 것을 인정하지 않을 순 없을 것이다. 나는 신생학문으로서 아직은 많은 부분에서 체계화되지 못하고 부족한 부분이 많은 행동경제학을 깊게 연구해서 보완하고 싶다는 생각을 했다. 나아가서는 행동경제학의 이점과 주류경제학의 이점을 바탕으로 해서 새로운 경제 이론을 만들어 보고 싶다는 생각을 하기도 했다. 경제학이라는 분야는 인간의 선택과 행동에 대해서 탐구하는 학문인 만큼 정말 끝이 없는 매력적인 학문인 것 같다. 나는 앞으로도 계속적인 노력을 통해서 경제학에 대한 지식과 역량을 키워 나가야겠다는 생각을 했다.

『조선왕조실록』 박시백

입학사정관전형 – 문예창작학과 지원자 –

이 책은 철저한 고증을 통해 사실적인 내용을 전달하면서도 풍부한 재미와 역사의 진실을 담고 있습니다. 이 책을 읽으면서 어떻게 학문적 객관성을 잃지 않으면서 작품에 흡인력을 불어넣을 수 있을까를 깊이 있게 생각해 보았습니다.

작품에 생명력을 불어넣고 독자와 소통하기 위해서는 작가 자신도 역사 해석에 적극적으로 참여해야 합니다. 역사를 배경으로 창작을 하기 위해선 당연히 역사에 대한 깊은 이해가 필요합니다. 심층적인 이해를 위해서는 학자들의 해석을 읽는 것으로 그치지 말고 기존의 연구를 매개로 역사와 직접 호흡하는 태도를 갖춰야 할 것입니다. 또 지금까지 엑스트라로 취급받던 인물의 새로운 면을 부각시키는 일이 중요하다는 것도 알게 되었습니다. 사건에 관계된 사람들을 생생하게 서술할 때 독자들에게 역사를 좀 더 실감나게 보여줄 수 있기 때문입니다.

더 읽어 볼 책

도서명	저자
앤디 워홀 이야기	아서 단토
언어 본능	스티븐 핑커
그림공부 사람공부 : 옛 그림에서 인생의 오랜 해답을 얻다	조정육
세계 명화 속 숨은 그림 읽기	파트릭 데 링크
셜록 홈즈	아서 코난 도일

CHARACTER

::Chapter 04

인성,
독서 포트폴리오

지식과 기술 그리고 정보가 보편화된
21세기 글로벌시대는 인성이 차별적 경쟁력이다.

얼마 전 지방특강 때 아주 오랜만에 KTX를 탔다. 집에서 온라인으로 티켓을 예약했기에 시간 맞추어 승강장으로 향했다. 필자는 으레 개찰구에서 표 검사를 해야 하는 줄 알고 기다렸지만 승무원은 나타나지 않았다. 주위를 살펴보니 다른 승객들은 그냥 승강장으로 내려가고 있었다. 그래서 필자도 그들을 따라 승강장에 도착해 지정좌석에 앉았다. 그런데 목적지에 도착해 밖으로 나올 때까지 표 검사를 하지 않는 게 아닌가! 언제부터, 어떤 계기로, 표 검사를 하지 않았는지 정확히 알 수 없으나 신선한 충격이었다. 그것이 필자에게는 의식의 선진화라는 해석으로 비추어졌기 때문이다.

이 작은 사건 하나 가지고 너무 오버한다고 생각할지 모르지만, 이제 대한민국은 선진국이다. 자율과 책임 그리고 권리와 의무가 생활

속 깊숙이 파고 들어와 있기 때문이다. 이것은 반가운 일이다. 그러나 다른 한편으로 보자면 새로운 고통을 예고한다고 볼 수 있다. 개발도상국의 꼬리를 잘라내야 하는 숙제가 남아 있기 때문이다. 선진국은 대충 대충이 통하지 않는다. 선진국은 눈속임이 통하지 않는다. 선진국은 겉치레가 통하지 않는다. 선진국은 진짜와 가짜를 철저히 가려내는 시스템이 작동하기 때문이다.

여기서 우리 교육은 선진국 인재를 양성할 시스템을 갖추고 있는지 돌아볼 필요가 있다. 아무리 선진교육을 외치더라도 시스템이 작동하지 않으면 안착으로 이어지기 어렵기 때문이다. 필자는 강연 때마다 한동대학교 교육시스템을 소개한다. 무감독 양심시험 시스템, 무전공 무학과입학 시스템, 공동체리더십훈련 시스템 등은 '자율과 책임'의 선진의식을 몸소 실천하고 습관화하는 성공사례이기 때문이다.

중고등학교 시험 때 감독 교사를 믿지 못해 학부모들까지 동원해야 하는 우리 교실, 수능과목 선택에서 불리하거나 제외되는 교과목 교사들의 볼멘소리, 동아리활동이나 봉사활동도 눈치작전을 펴야 하는 현실 등 우리 교육현장은 아직도 지구촌에 떳떳하게 공개하고 싶지 않은 구석이 곳곳에 남아 있다. 필자는 개발도상국 교육에서 선진국 교육으로 발돋움하려면 '인성교육'이 핵심이라고 생각한다. 결국 세상은 사람들이 만들어가기 때문이다. 한 사람 한 사람이 주인 된 마음으로 '나'와 '너'와 '우리'를 보고 듣고 느끼며 살아가려고 노력하는 사회는 분명 아름다운 사회이다. 이것이 동서고금의 현인들이 말하는 인성사회이다.

입학사정관제 수강생이 제출한 인성 독서 포트폴리오를 소개한다.

　욕심 많고, 양보란 것을 모르는 나에게 아빠가 선물을 주셨습니다. 선물이라면 예쁜 인형, 아니면 예쁜 옷이라 생각했습니다. 포장지 속에 숨어 있는 것은 『아낌없이 주는 나무』란 책이었습니다. 왜 책을 선물했을까 생각해 보았습니다.

　주인공 나무처럼 동생에게 양보하라는 아빠의 뜻이 담겨져 있었습니다. 나무는 소년에게 친구가 되어 주었습니다. 나무에 올라가기도 하고 나무 그늘에서 낮잠도 자고, 성인으로 자란 소년에게 사과도 주고, 집과 배도 만들게 도와주고, 자신이 줄 수 있는 선물을 모두 주는 나무입니다. 처음 책을 읽었을 때는 나무가 바보라고 생각했습니다. 욕심 많은 소년을 위해 자신의 모든 것을 주는 나무가 한심하였습니다.

　지금 다시 읽어 보니 이제야 아빠가 책을 선물한 이유를 알 수 있었습니다. 양보하는 것, 나누는 것의 행복을 나무도 알고 있다는 생각이 듭니다. 다른 누군가에게 도움을 받는 것보다　내가 다른 사람에게 도움을 줄 수 있을 때가 가장 행복하다는 것을 알았습니다.

　제가 꿈을 꿀 수 있고, 선생님께 받은 사랑, 용기, 도전할 수 있는 힘을 내 주변사람들에게 나누어 주는 것이 저의 일이고, 선생님께 보답하는 길이라 생각합니다.

위 수강생의 이야기처럼 인성 역량은 스스로를 위한, 스스로에 의한, 스스로의 삶인 것이다. 그래서 인성 계발은 자발적이며 즐겨야 하는 맛있는 음식이다.

리비히의 '최소량의 법칙'이란 게 있다. 물통을 이루고 있는 나무 조각 중 일부분이라도 깨져 버리면 아무리 많은 물을 부어도 깨어진 나무 조각까지만 물이 채워진다. 즉, 물은 물통을 이루고 있는 나무 조각의 최소 높이까지만 채워진다는 이론이다. 조금만 눈을 크게 뜨고 둘러보면 성공과 실패 그리고 행복과 불행은 인성의 최소량의 법칙이 적용된다는 것을 느낄 수 있을 것이다. 지식과 기술 그리고 정보가 보편화된 21세기 글로벌시대는 인성이 차별적 경쟁력이라는 사실을 잊지 말자.

인성 공부는 게을리해서는 안 된다.
나만의 색깔을 낼 수 있는 유일한 재료이자,
삶의 비결이기 때문이다.

초 · 중 · 고 시절 책읽기라면 대부분 삶의 지혜를 다루는 인성 독서
다. 소설 · 시 · 수필 · 전기 · 고전 · 기행 등 장르는 다양하지만 그들
메시지의 골자는 세계관 · 인간관 · 가치관의 조화와 균형을 강조하
기 때문이다. 인성은 한 인간의 삶을 운전하는 무게중심의 성격을 띠
는데 대부분 청소년기에 그 바탕을 이룬다. 따라서 청소년기의 독서
활동은 평생의 정신적 자산을 쌓는 매우 중요한 공부다.

그런데 인성에 대한 개념은 시대마다 사람마다 달리 정의 내릴 정도
로 넓고 추상적이며 복합적인 성격을 띤다. 그래서 아마도 인성에 관
한 책은 그 종류를 헤아리지도 못할 만큼 많은 것 같다. 필자 역시
'인성은 사람답게 사는 성품, 가치, 태도'라고 밖에 달리 떠오르는 말
이 없다. 사람답게 산다. 그럼 어떻게 살아야 사람답게 사는 것일까?
무척 어려운 질문이다. 수학문제를 풀 듯 깔끔하게 풀어 버리고 싶
지만 머리로 해결할 수 있는 문제도 아니다. 그래서 대부분의 사람들은
골치 아픈 이 문제는 전문가에게 맡기고 그들이 안내하는 대로 따라
가고 만다.

그러나 인성 공부는 다른 사람에게 의존하거나 게을리해서는 안 된

다. 그것은 나만의 색깔을 낼 수 있는 있는 유일한 재료이자 삶의 비결이기 때문이다. 이 점에서 인성 독서는 가장 날카롭게 신경을 세워야 한다. 특히 개발도상국의 잔재인 주입식교육과 수동적 태도의 연장선에서 이루어지는 독서활동은 본래의 인성교육과 반대방향으로 흐를 수 있음을 명심해야 한다. 가장 어렵고 힘든 이 인성 독서 부분에서 나만의 역량을 마음껏 발휘해 보자.

인성 독서에 앞서서 나의 인성역량을 스스로 점검해 보자.

첫째_ 나는 하루하루 나 자신의 생활에 대해 돌아보고 반성하는가?

둘째_ 나는 다른 사람들에게 보여주기 위한 선행을 하지는 않는가?

셋째_ 나는 스스로 감정조절을 잘 하는가?

넷째_ 나는 타인과의 관계가 원만한가?

다섯째_ 나는 솔선수범하며 주도적으로 일을 처리하는가?

여섯째_ 나는 내 나이에 맞게 정서적으로 성숙한가?

일곱째_ 나는 곤란한 상황에서도 웃을 수 있는 여유가 있는가?

여덟째_ 나는 해야 할 일을 미루지 않는가?

아홉째_ 나는 균형 잡힌 유연한 사고를 가지고 있는가?

열째_ 나는 불우한 사람을 보면 적극 돕는가?

저의 자식을 이러한 인간이 되게 하소서.
약할 때 자기를 분별할 수 있는 힘을,
두려울 때 자신을 잃지 않는 용기를,
정직한 패배에 부끄러워하지 않고 당당하며
승리에 겸손하고 온유할 수 있는

그런 사람이 되게 하소서.

그를 요행과 안락의 길로 인도하지 마옵시고
곤란과 고통의 길에서 항거할 줄 알게 하시고
폭풍우 속에서도 일어설 줄 알며
그의 마음을 깨끗이 하며 높은 이상을 갖게 하시어
남을 다스리기 전에 자신을 먼저 다스리게 하시며
내일을 내다보는 동시에
과거를 잊지 않게 하소서.

그 위에 생활의 여유를 갖게 하시어
인생을 엄숙히 살아가면서도
삶을 즐길 줄 아는 마음과
자신을 뽐내지 않는 겸손한 마음을 갖게 하소서.

그리고 참으로 위대한 것이란 실로 소박한 데 있다는 것과
참된 힘은 너그러운 데 있다는 것을
스스로 새기도록 하소서.

그로 인해 그 아비 된 저도,
아득한 뒷날에 나도 헛된 인생을 살지 않았노라고
나직이 속삭이게 하소서.

『더글러스 맥아더 장군』 중에서

책 속 멘토와 대화 나누기

인성

『장자산책』 이현주

내용요약

『장자 산책』은 목사인 저자가 장자의 철학을 해석하며 성경의 구절을 인용하고 있다. 장자는 기원전 4세기에서 3세기 초에 살았는데 2백 년 시차를 둔 노자의 제자로 알려져 있다.

장자의 대표적 사상인 〈소요유〉편에서는 자유롭게 거닐며 살아가는 삶 즉, 마음의 짐을 벗고 자유롭게 살아가는 자세에 대해 말한다. 보는 것, 아는 것에 갇히지 않는 것이 참된 '앎' 이며 욕심에서 다툼과 무지가 생김을 말하고 있다. 사람이 자기 기준을 가지고 사물을 제멋대로 판단하는 것을 경계하는 〈제물론〉에서는 보이는 것과 보이지 않는 무형의 모든 것은 하나로 합해 보아야 한다는 사상이 깃들어 있다.

사람이 생명을 보양하는 법을 가르치는 '양생주', 쓸모없음의 쓸모를 찾아내는 '인간세', 덕이 속에 가득하면 겉으로 드러난다는 뜻의 '덕충부', 가장 높은 머리로 모실 스승 '대종사', 천하를 다스리는 왕이 가져야 할 처세는 '무심' 이며 하늘의 뜻을 따르는 것임을 설파하는 〈응제왕〉편 등으로 나뉘어 있다.

시종일관 '스스로 그러함' 을 깊이 간파해 감각(눈, 코, 귀, 혀, 살갗, 생각)으로 판단하는 오류를 경계하는 '중정(中正)' 을 지키는 것이 인간을 인간답게 함이라는 것이 장자가 우리들에게 전하고자 한 바다. 저자는 장자의 도를 예수가 말한 '아버지' 라고 해석하고 있다.

가장 인상 깊었던 부분과 그 이유

'포정의 소 잡는 이야기' 에서 백정인 포정의 손이 마치 무희가 춤을 추듯 뼈와 살을 갈라내는 모습에 문혜군이 감탄하는 장면이 나온다. 도통한 그의 솜씨가 신기였던 것이다. 이때 포정은 현상에 집착하지 않고 도를 찾아 3년, 기가 아닌 도를 닦기 3년을 보내고 결국 소를 눈으로 보지 않고 마음으로 만나기 때문이라 답한다. 마음의 작용은 모든 것의 바탕, 사물의 바탕인 그 무엇인데 존재 이전부터 존재했고 세계가 무너진 후에도 있을 그것이라고 표현한다. 포정은 소를 보면서 소를 이루고 있는 '그것' 을 보았고 그것과 자신이 하나가 되는 '도통(道通)의 경지에 이른 것이다. 그러면서 역자는 "운전기사는 핸들로써 도에 이르고, 농부는 쟁기를 통해 도에 이르며, 화가는 붓끝을 통해 도에 이를 수 있다."라고 말한다. 이는 사람이 무엇을 하든 욕심이나 이해(利害), 공명심에 치우치지 않고 오직 대상과 내가 하나가 되어야 한다는 말이다. 틀에 갇히지 않는 자유로움으로 대상의 본질을 파악하기 위한 겸손한 태도만이 도에 이르는 길인 것이다. TV프로인 '생활의 달인' 에도 종종 도통한 사람들이 나오는 것을 볼 수 있다. 그들은 자신의 일에 마음을 담는다. 가장 자연스러운 방법을 찾아 손과 발은 대상과 끈끈하게 어울리며 마치 내 몸을 움직이듯 물건을 요리하곤 한다. 포정처럼 중정(中正)의 마음으로 눈에 보이지 않는 대상의 본질을 체득했기 때문일 것이다.

인성과 관련해 자기 생각 펼치기

'중정'은 중용이나 순리로 해석하는 말이다. 지나치지 않음, ~다움, 성경에서 말하는 거듭남과 같다. 대상과 내가 만나는 지점이다. 어디에도 속하지 않으나 모두를 포함하고 있는 보이지 않는 그 지점을 보고 판단한다는 것은 쉽지 않은 일이다. 나부터도 의식하지 못한 채 경험과 지식으로 습득한 것을 잣대로 삼아 판단과 선택을 하곤 한다. 잠시 후의 일도 예측하지 못하면서 과거의 감각을 미래의 잣대로 삼는 우를 범하는 것이다. 그러나 미완성 상태인 내가 할 수 있는 것은 실수를 경험삼아 선택하는데 더 신중한 태도를 가지며 왜 오류를 범했는지를 고민해서 더 나은 선택이 될 수 있게 교훈으로 삼는다.

사람들과의 갈등도 마찬가지다. 상대는 반드시 어떠한 까닭이 있어 그러한 행동을 나에게 했다고 머리로는 이해하면서도 불쾌한 느낌이 들면 까칠한 감정을 먼저 내비친다. 전후좌우 상황보다 내 감정에 거슬리는 것이 기준이 되기 때문이다. 이럴 때는 어김없이 다툼이 생기는데 상대와 나는 실수를 인정하기 싫어 오기와 고집을 부리기 일쑤여서 더 깊은 골을 만들기도 한다. 잠시 시간을 가지고 돌이켜 보면 여유를 갖지 못한 부끄러움이 후회를 낳게 한다. 나는 상대와 갈등을 원치 않아 먼저 사과하는 편이다. 한 번 지면 그만큼 원만한 관계를 맺을 수 있다는 것을 경험으로 알지만 때로 그것을 이용하는 사람들도 있어 고민을 한다. 그래서 장자의 '중정'은 현실에서 이루기 쉽지 않다. 모두 같은 생각을 할 때는 서로 성찰의 묘미를 찾을 수 있지만 혼자서는 손해라는 생각에서 벗어나지지 않는다. 장자는 이런 중생의 심리를 미리 알았던지 이해(利害)는 하나라고 나를 책망하기도 한다. 그렇다. 이익이 있으면 반드시 한편에서 손실이 생긴다. 내가 먼저 사과하면 마음이 편한 대신 잘못한 사람이 된다.

호불해나 백이 숙제는 '명예' 때문에 죽음을 선택했듯이 목숨을 손해 보고 명예의 이(利)를 취했으니 이(利)와 해(害)는 서로 통할 수밖에 없다는 장자의 말씀은 참으로 이치에 맞다.

'그 무엇에 매인바 없이 자유로울 수 있는 경지' 이런 사람을 진인(眞人)이라고 한다. 공자께서 말하길 나이 70세는 '종심소욕불유구(從心所慾不踰矩)'라 했는데 어떤 상황에서도 노여움도, 욕심도, 도리에 어긋남도 없는 경지가 바로 진인의 경지라고 생각한다.

자유로운 선택일지라도 '중정의 도'를 잃지 않는 상태, 살아가면서 겪어야 하는 갈등과 고민과 후회, 걱정 등에서 벗어나기 위한 길은 바로 끊임없이 '나'를 돌아보고 성찰하며, 깨달음을 통해 내 기준을 버려가는 과정일 것이다. 그러기 위해 내가 지금부터 실천해야 할 바는 '들어주기'로 정하겠다. 대상의 소리, 대상의 마음을 보기 위한 충분한 관찰과 귀 기울임에 마음자리를 옮기겠다.

내가 읽은 인성 독서

주요내용:
- -
- -

인상 깊은 부분과 이유:
- -
- -

나의 인성 교양과 관련해 더 관심 갖게 된 분야(부분):
- -
- -

독서멘토링 3단계 체험 교감하기

생각을 온몸으로 체감하기 ⋯⋯⋯⋯⋯⋯⋯⋯⋯⋯⋯⋯⋯●

체험 교감

☺ 부모님에게서 나의 좋은 습관 10가지 듣기

☺ 친구에게서 고쳐야 할 10가지 습관 듣기

☺ 나의 인성지수 높이기 전략 세우기

독서멘토링 **4**단계 포트폴리오 창조하기

자기비전 디자인하기 - ●

독서멘토링 4단계 포트폴리오 창조하기

독서 포트폴리오

👁 이 책을 읽게 된 동기, 계기를 나의 인성과 관련해 적어 보자.

- -

- -

👁 이 책의 줄거리를 간략하게 소개하고, 특히 인상 깊었던 부분과 이유를
나의 인성과 관련지어 정리해 보자.

- -

- -

👁 이 책을 접하기 전과 후의 변화과정을 나의 인성과 관련지어 정리해 보자.

- -

- -

👁 이 책에 대한 평가와 이 책을 통해 더 관심 갖게 된 분야, 그리고 더 읽
어 보고 싶은 책을 나의 인성과 관련지어 정리해 보자.

- -

예시 글 　인성, 독서 포트폴리오

『인간 불평등 기원론』장 자크 루소

동기

요즘 신문에서는 시장경제가 불평등을 더 심각하게 만든다고 말한다. 자유가 주어져 있는데 불평등이 심해진다는 것은 이해되지 않는 일이다. 각자 자유롭게 사는데 왜 불평등이 생겨나는 것일까? 이런 고민을 하던 중에 윤리 교과서에서 『인간 불평등 기원론』을 언급한 부분을 보고 불평등의 기원을 알고 싶어 이 책을 읽게 되었다.

줄거리와 인상 깊었던 부분

미개인은 극히 약간의 정념에만 지배당하며 혼자 일을 해낼 수 있다. 그리고 자기 생존을 위한 감정과 지식만을 가지고 있고 지성도 진보하지 않았다. 하지만 여러 가지 문제가 나타나 그것을 극복하는 일을 배워야만 했고 인간은 지각하고 발전하기 시작했다. 그런데 지각과 발전의 결과인 새로운 지식은 다른 동물에 대한 우월성을 인간에게 지각시켜 줌으로써 자존심을 만들어 냈다.

그리고 사람들은 물건을 만드는 방법을 생각해 냈고 사유재산을 도입해 분쟁과 투쟁의 근원이 되었다. 사람들의 욕심은 커졌고 무엇을 소유해도 행복하지 않았다. 그런데 한 인간이 다른 인간의 도움을 받으면 두 사람 분의 잉여를 차지할 수 있다는 것을 알게 되었다. 그러자 평등은 사라지고 사유가 도입되면서, 노동, 수확과 더불어 노예제도가 생겼다.

또한 사유가 도입되면서 복종과 종속의 관계가 생겼고 많은 범죄와 전쟁, 불평등이 나타났다. 자연 상태에서의 불평등은 거의 무였지만 불평등은 우리들의 능력의 발달과 인간정신의 진보에 의해 그 힘을 갖게 되었고 또 확장되었다. 그리고 소유권과 법률의 제정에 의해 안정되고 정당한 것이 된다.

즉, 인류를 문명화하고 인류를 타락시킨 것은 무기와 식량이다. 토지의 경작에서 필연적으로 토지의 분배가 일어나고, 사유가 인정되면서 최초의 규칙이 생겼다. 그리고 사람들의 재능이 평등하지 못했기 때문에 가장 우월한 자는 노동을 생략하는 수단을 발견했다. 그리해 불평등과 범죄, 전쟁 등이 생겨났다. 불평등은 한마디로 '잉여 생산물'에서 기원한다는 결론을 내릴 수 있다. 이러한 사실들은 나에게 큰 충격이었다. 늘 부족한 상태에서 먹고 살기 위해 발명한 다양한 노력들은 넉넉한 식량을 얻을 수 있는 혁명이었다. 그런데 불평등의 기원이 되었다면 결국 자기 발등을 찧는 결과를 만든 것이다. 물론 부를 늘려서 넉넉한 사람은 행복할 것이라고 생각할 수 있다. 그러나 상대적 빈곤감이라는 말에서 알 수 있듯이 남의 떡이 더 커 보인다는 인간의 심리를 놓고 볼 때 결코 만족이 생길 수 없기 때문에 가진 자나 못 가진 자나 모두 불평등하다는 불만족 속에 살아갈 것이다.

이 책을 읽고 변화된 생각

난 부자로 살고 싶다는 생각을 자주 한다. 노트북이 갖고 싶다면 망설임 없이 살 수 있고, 최신형 휴대폰도 원하면 살 수 있는 그런 상태 말이다. 그런데 이 책은 이런 나의 생각에 제동을 걸었다. 기술은 늘

진보해서 새로운 휴대폰을 구입한다 해도 그 순간 구형으로 전락하는 것이 현실이 아닌가. 이 생각을 하니 내가 원했던 것들이 우스꽝스러웠다. 단지 구입하는 그 순간의 만족일 텐데, 사람들은 만족이 영원할 것 같아서 욕심을 부리고 쓸 만한 것들을 버리고 새로운 것을 장만한다. 결국 살 수 있는 여건, 혹은 새로운 것을 만들어 내는 인간의 발명 탓에 사막에서 사는 것처럼 욕망의 갈증에서 해방되지 못하는 삶을 살고 있는 것이다.

나는 내 방이 있다. 부모님도 살아 계신다. 필요하면 망설임 없이 문제집이며 음악 CD며 살 수 있다. 차비가 없어서 걸어 본 적도 없고, 한 끼 밥이 없어 굶은 적도 없다. 추위 때문에 떨며 비참한 기분을 느껴본 일 역시 없다. 이렇게 하나하나 내게 있는 것을 점검해 보니 나는 참 부족함이 없는 생활을 하고 있다. 감사하다. 만족할 수 있는 정도를 낮추면 쉽게 만족할 수 있다는 것을 나처럼 이 책을 통해 많은 사람이 알았으면 한다.

실전 사례글

『누가 내 치즈를 옮겼을까?』 스펜서 존슨

입학사정관전형 – 사회과학부 지원자–

저에게 가장 기억에 남는 책은 고등학교 2학년 겨울방학 때 읽었던 『누가 내 치즈를 옮겼을까?』라는 책입니다.

교육에 있어서는 여느 아버지 못지않게 열성을 가지신 아버지는 어렸을 때부터 형과 저에게 많은 책을 사주셨습니다. 주로 특별한 날에는 꼭 책을 선물해 주셨던 아버지께서 작년 겨울방학 때『누가 내 치즈를 옮겼을까?』책을 사오셨습니다. 아버지는 웃으시면서 형과 저의 손을 꼭 붙잡고 "이 책을 읽고 많은 것을 깨달았으면 좋겠다."라는 말과 함께 회사에서 퇴직하셨다는 말씀을 하셨습니다. 저는 너무나 큰 충격이었지만 아버지에 대한 믿음을 가지고 있었기 때문에 다른 어떤 책보다도 소중한 마음으로 감명 깊게 읽었습니다.

이 책은 우리가 원하는 직업, 재물, 인간관계 등을 치즈에 비유하고 있습니다. '우리가 썩은 치즈에 대해 고민하고 있는 것은 아닌지, 혹은 항상 새 치즈를 찾으려는 준비가 되어 있는가?' 라는 말을 남기며 항상 주변을 둘러보며 주의 깊게 상황을 판단하라는 좋은 교훈을 제시해 주었습니다. 만일 제가 아버지께서 퇴직하셨다는 말에 꼼짝없이 미로의 벽에 갇혀 새로운 치즈를 찾으려는 노력도 없이 안절부절 못하고 있었다면, 아버지는 저에게 실망하셨을 것입니다. 저 역시 지금처럼 강한 자신감과 용기를 얻은 성숙한 아들이 되지 못했을 것입니다.

이 책은 저의 인생을 다시 한 번 되돌아볼 수 있는 전환점을 제시해 주었고, 그동안 잘해 주지 못했던 친구들을 조금 더 따뜻한 말로 감싸 안아주고 도와줄 수 있게 해 주었습니다. 뿐만 아니라, 아버지의 사랑 또한 소중히 간직할 수 있게 해 주었습니다.

『바보 이반』 톨스토이

입학사정관전형 ―철학과 지원자―

　제가 감명 깊게 읽은 책은 톨스토이의 『바보 이반』입니다. 이 작품은 러시아에서 옛날부터 전해 오는 전설을 바탕으로 톨스토이가 자신의 사상을 가미시킨 민화들입니다.

　바보 이반의 줄거리는 무척 사이가 좋은 삼형제를 악마가 파멸시키려고 합니다. 그런데 탐욕스러운 첫째와 둘째는 파멸시키는 데 성공하지만, 착하고 열심히 사는 바보 이반만은 도저히 파멸시킬 수 없었습니다. 결국 이반을 파멸시키려다가 오히려 악마 자신이 파멸당하는 이야기입니다. 이 소설은 고전 민화답게 권선징악의 내용으로 요행을 바라지 않고 하루하루를 성실히 살아가는 이반이 자신을 바보라 부르며 얕보고, 필요할 때는 자신을 이용해 먹는 사람들에게도 사랑을 베풂으로써 우직하고, 넉넉한 마음씨를 가진 삶의 태도로 결국 승리하는 모습을 보여줍니다.

　『바보 이반』이라는 소설은 단순한 내용의 소설이지만, 현대를 살아가는 이기적인 사람, 또 '뿌린 대로 거둔다.'라는 속담에 반하는 '최소의 노력으로 최대의 효과'를 얻을 수 있다고 생각하는 사람들에게 귀감이 되는 소설이라고 생각합니다. 그리고 저 역시 '나는 어떻게 살아왔는가?', '이반처럼 요행을 바라지 않고 열심히 살아왔다고 자신할 수 있는가?'라는 질문을 내 자신에게 던짐으로써 저의 삶을 되돌아보며 반성하는 계기가 되었습니다.

　이 책을 읽고 초중학교 때의 맑고 순수했던 제가 고등학교에 들어와 입시경쟁에 발을 디디면서 착하게 살면 살아남을 수 없다는 생각에 빠져 이기적인 생활을 했던 제 자신이 너무 부끄럽고 원망스러웠습니다. 이반의 삶을 보고 난 후 저는 앞으로 어떠한 험난한 일이 닥치더라도 좌절하지 않고 남을 포용하고, 사랑을 베푸는 이타적인 삶을 살아가야겠다고 다짐했습니다.

이반의 삶은 묵묵히 줏대를 가지고 휘둘리지 않습니다. 겉으로 보기에 어리석고 손해보는 것 같지만 요령은 없어도 꾸준한 노력은 결국 그 결과를 그대로 얻게 됨을 보고 모자란 듯 넘치지 않는 중용의 마음을 가지려고 합니다.

『테이레시아스의 역사』 주경철 외 1편

이 책은 말 그대로 테이레시아스적인 관점에서 역사를 바라본 책이다.

테이레시아스는 그리스 신화에 나오는 인물로 트랜스젠더이기 때문에 남자와 여자 모두의 관점에서 사랑에 대해 생각해 볼 수 있는 인물이다. 이처럼 이 책은 역사를 강대국의 입장이나 기존의 주류적인 관점에서만 바라보는 것이 아니라 약소국, 소수집단의 입장과 새로운 시각을 동원해서 역사를 바라본다. 유럽의 소국인 네덜란드의 입장에서 바라본 역사가 서술되어 있기도 하고, 전문 역사 서적이 아닌 영화나 소설 심지어는 동화를 통해서도 역사를 바라본다.

가장 감명을 받았던 부분은 시오노 나나미의 역사 인식에 대해서 언급한 부분이다. 시오노 나나미는 우리에게 익숙한 책인 『로마인 이야기』의 저자이다. 이 책의 저자는 시오노 나나미의 역사인식에 대한 우려를 보이고 있다. 여러 가지 관점에서 시오노 나나미의 역사 인식을 문제 삼고 있지만, 나는 특히 그 중에서도 두 가지 관점에서 많은 생각을 해 보게 되었다. 우선 시오노 나나미는 로마와 로마인에게 긍정적인 입장을 취하고 있으며 거의 동경을 보내고 있다고 해도 과언이 아니다. 시오노 나나미는 그녀의 책에서 로마를 개방적이고 관용적으로 표현한다. 로마는 이와 같은 특징을 통해서 보편제국을 건설할 수 있었다고 말한다. 또한 로마는 정복한 지역의 경제적 번영을 도와주는 민족으로 묘사된다. 이러한 증거로 정복지에 도로 등의 사회 간접 자본을 건설해 주었다고 말한다. 또한 정복당한 국가들이 정복당한 것이 일정 부분 그들의 행동에 대한 당연한 결과이고 책임이 있다고 말한다. 하지만 테이레시아스의 역사라는 책은 실제로 행했던 폭력적이고 무차별적인 행동들을 알려준다.

또한 이 책에서 내가 유심히 봤던 시오노 나나미의 역사인식의 문제점은 역사를 엔터테인먼트로 생각하는 태도이다. 시오노 나나미는 자신이 전문적인 역사가도 아니고 역사서를 편찬하는 일을 하는 것도 아니라고 말한다. 그렇기 때문에 그는 사실과 허구를 넘나들며 이야기를 써나간다고 말한다. 이러한 태도는 간단하게 생각하면 아무 문제가 될 것이 없는 것처럼 보이지만, 실제로는 많은 문제점을 가지고 있다. 우선 읽는 사람들이 그것을 받아들이는 부분에서 문제가 발생할 수 있다. 어느 것이 허구이고 어느 것이 실제인지 확실히 밝혀서 사람들이 잘못된 역사인식을 가지게 해서는 안 된다. 또한 나는 이러한 것들이 역사 왜곡의 시초가 될 수도 있다는 생각이 들었다.

 나는 이 책을 읽으면서 역사란 무엇인가에 대해서 다시 한 번 생각해 볼 수 있었다. 이 책을 읽기 전에는 역사에 대해 많은 관심을 가지고 있지 않았었다. 역사를 단순히 과거의 기록이라고 생각하고 고리타분한 것이라고 생각하기도 했다. 하지만 이젠 우리에게 왜 역사와 과거가 중요한 것인지 조금은 알 수 있을 것 같다. 역사란 우리가 현재와 미래를 살아가는 데 필요한 지혜와 교훈들을 제공해 준다. 우리는 역사를 공부함으로써 좀 더 나은 현재와 미래를 살아갈 수 있는 것이다.

 이 책을 읽고 역사자체가 중요한 것뿐만 아니라, 역사를 인식하고 바라보는 태도, 해석하는 관점이 무엇보다도 중요하다고 생각했다. 어떠한 역사라도 그것은 사람에 의해 기록되었고 그렇기에 정도의 차이가 있겠지만 역사가의 주관성이 반영되어 있다. 우리는 역사를 인식하는 데 있어서 이러한 주관성을 정확히 파악하고 비판적으로 바라볼 수 있는 능력을 키워야 할 것이라고 생각한다. 특히 시오노 나나미의 사례를 보면서 나는 그녀가 로마를 옹호하고 역사를 엔터테인먼트로 바라보는 것이 혹시 우리의 현재와도 연관이 있는 것이 아닐까 하는 생각이 들었다. 단정 지을 수는 없지만 그녀는 일본인이다. 그렇기에 의식적이든 무의식적이든 그녀의 작품과 글에 일본인으로서의 인식이 개입될 수 있을 것이라고 생각한다. 나아가 이것은 과거 일본 제국주의를 로마의 역사에 빗대어 옹호하는 것이 아닐까라는 생각을 하기도 했다. 과거 로마가 정복지의 경제적 번영을 위해 노력했고 정복지의 주민들이 정복당한 것에 대한 일정 책임이 있다고 말하는 것을 보면서 나는 이러한 것들이 왠지 현재 일본의 과거 역사에 대한 주장과 비슷한 부분이 너무나도 많다는 생각에 무섭다는 생각까지 들었다.

테이레시아스의 역사라는 책을 보면서 나는 역사에 대한 새로운 시각을 갖게 되었다. 역사에 대해 좀 더 많은 관심을 가지고 역사를 보는데 있어서 단편적이고 표면적인 정보뿐만 아니라, 그 안에 내포된 의미가 무엇일까 생각해 보는 태도를 가지게 되었다. 이 책은 나에게 역사에 대해 완전히 새로운 태도를 갖게 해 주어 평생 잊을 수 없는 고마운 책이 되었다.

『모리와 함께한 화요일』 미치 앨봄

고등학교 2학년 겨울에 저는 우연히 『모리와 함께한 화요일』이라는 책을 읽게 되었습니다. 이 책은 루게릭병으로 죽음을 앞둔 노교수가 자신의 제자에게 들려주는 삶에 대한 이야기로 삶의 진정한 가치를 일깨워 주는 모리 교수의 가르침을 담고 있습니다. TV 스크린을 통해 투병 중인 은사의 모습을 본 저자 미치 앨봄이 스승과 재회하면서 매주 화요일마다 불치병에 걸린 노교수는 제자에게 세상에 대한 수업을 시작하게 됩니다. 마지막 화요일에 제자에게 마지막 가르침을 남긴 채 노교수는 세상을 떠납니다. 모리 교수가 제자에게 남긴 가르침은 세속적 성공이 아닌 인간답게 사는 것이었습니다. 사랑하고 사랑받으며 인생을 즐기면서 행복하게 사는 것. 이것은 누구나 알고 있으면서도 행하지 못하고 있는 삶입니다. 노교수는 이런 삶이 바로 진실 된 삶의 모습이라는 것을 일깨워 주었습니다.

너무도 바쁘게 살아가는 각박한 현대 사회에서 현대인들은 자신의 시간과 여유가 부족하다는 이유만으로 인생의 의미를 되돌아보는 일들을 외면해 왔습니다. 저 역시 단순히 남들이 부러워하는 사회적인 성공을 꿈꾸며 살아왔고, '진실로 행복한 삶은 어떤 것일까?' 라는 생각은 그동안 하지 못했었습니다. 사회적인 성공이 제 삶을 풍요롭게 하는 데 도움을 줄 수는 있겠지만 그 자체를 제 삶의 의미로 생각하는 것은 옳지 못한 태도라는 것을 깨닫게 되었습니다.

저 뿐만 아니라 현대인들은 행복을 위한 성공의 의미를 단순히 성공에서 오는 인생의 행복으로 착각하고, 엉뚱한 것을 좇는 생활에 지쳐 자신의 삶을 되돌아보는 일을 소홀히 하고 있는 것 같습니다. 이 책은 모리 교수의 가르침을 통해 나를 사랑해 주는 사람들을 사랑하고, 나에게 의미와 목적을 주는 일을 창조하는 데 헌신하며, 인생 그 자체를 즐기는 진정한 삶을 살도록 삶의 자세를 재정립하게 해 준 책이 되었습니다.

『느리게 산다는 것의 의미』 피에르 쌍소

-입학사정관제 멘토링 지도사-

나는 타고난 성격이 급한 편이기도 하지만, 남자아이 둘을 키우면서 더 급해졌다. 아이들을 위해서라도 내가 먼저 느긋해질 필요가 있는 듯해 여러 해 전 이 책이 베스트셀러일 때 처음 접했었다. 이 책을 펼치면 첫 페이지에 이런 문구가 있다.

"인간의 모든 불행은 단 한 가지, 고요한 방에 들어 앉아 휴식할 줄 모른다는 데서 비롯된다." 파스칼

이 말은 정말 바쁘게 살아온 나에게 한마디 달콤한 향기로 다가왔다. 내 모습은 일을 하거나 놀거나 먹을 때조차도 빨리 하라고 외쳐대는 한심스러운 모습이기도 했지만, 모든 것을 효율적으로 빨리 처리하려고 하는 한국인의 모습 그 자체이기도 했다. 또한 이런 내 모습을 이 시대를 살아가는 경쟁력이라고 생각하며 살아온 터라 이 책은 나에게 무척 신선하게 느껴졌다.

줄거리

느림은 시간을 급하게 다루지 않고, 시간의 재촉에 떠밀리지 않으면서 나 자신을 잊어버리지 않는 능력을 갖는 것이다. 느림은 개인의 자유를 일컫는 가치이다. 느리게 사는 지혜를 갖기 위해 피에르 쌍소가 제시한 구체적인 삶의 태도들은 다음과 같다. 첫째, 나만의 시간을 갖고 발걸음이 닿는 대로, 풍경이 부르는 대로 한가로이 거닐어 볼 것, 둘째, 신뢰하는 주변 사람의 말에 완전히 집중할 것, 셋째, 권태를 즐길 수 있는 능력을 키울 것, 넷째, 우리의 내면 속에 자리 잡고 있는 예민한 의식, 즉 꿈을 일깨울 것, 다섯째, 가장 넓고 큰 가능성을 열어 두고 기다릴 것, 여섯째, 지나간 낡은 시간, 추억의 한 부분을 다시 떠올려 볼 것, 일곱째, 내면에서 조금씩 진실이 자라나도록 글쓰기를 할 것, 아홉째, 절제보다는 절도를 가지도록 할 것.

저자는 또한 우리에게 다가오는 사건을 기쁘게 받아들일 수 있는 능

력을 가지라며 그 능력을 '느림'이라고 불렀다. 느림은 우리에게 시간에다 모든 기회를 부여하라고 속삭인다. 즉 한가롭게 거닐고, 글을 쓰고, 타인의 말에 귀를 기울이고 휴식을 취함으로써 우리의 영혼이 숨 쉴 수 있게 하라고 말한다.

인상 깊었던 부분과 그 이유

삶을 즐기려면 느려져야 한다. 느림은 게으름과 다르다. 게으름은 아무것도 하지 않고 방치하는 상태인 반면, 느림은 삶의 매 순간을 제대로 느끼기 위한 '적극적인 선택'이라고 작가는 말한다.

빠르게 돌아가는 현대에도 느리게 숨고르기를 할 필요가 있으며 이는 게으름과는 다른 개인의 자유이며 선택일 수 있다는 것을 알게 되었다. 저자도 느림 그 자체를 미덕으로 보기보다는 느림과 빠름을 적절히 교대해 가는 것이 가장 좋은 방법이라고도 했듯이 오히려 이는 시간과의 조화를 이룰 수 있는 선택이며 우리 모두가 가져야 하는 지혜라는 것을 알게 해 주었다.

이 책을 읽고 변화된 생각

가시적인 것만 중시하는 현대 사회는 눈에 직접 보이는 활동만 하기를 강요한다. 빠릿빠릿하게 움직여야 하고 말을 유창하게 잘해야 하며, 보다 많은 눈에 보이는 성과를 우리 사회는 원한다. 그렇기 때문에 상대적으로 느린(느리게 보이는) 사람들에게는 어눌하다거나 답답하다며 부정적인 평가를 내린다. 나 또한 이런 편견 속에서 살아 왔고 모든 사람이 같은 방식으로 산다는 것이 오히려 더 불가능한 일인데도 불구하고 전부 빠르고 싹싹하게 행동하기를 강요해 왔다. 개성의 획일화는 행동은 물론, 성격까지 획일화시키며 결국 각 개인의 창의성은 점점 묻혀 버리게 된다.

느린(그렇게 보이는) 사람들이라고 해서 정말 아둔하다거나 민첩하지 못한 것은 결코 아니다. 그들은 오히려 행동으로 빠릿한 사람들보다 더 명민한 정신을 가지고 매 순간을 생각하고 느끼며 살지도 모른다. 머릿속으로는 어떤 거대한 우주를 구상 중인지도 모르고 기발한 아이디어를 생각하고 있는지도 모른다. 그들이 눈에 보이는 행동을 하지 않는다고 해서 게으른 사람이라고 부를 수는 없다는 것이다. 항상 느리다고 빨리빨리 하라고 잔소리하기보다는 그 속에는 내가 알지 못하는 생각과 느낌의 세계가 있음을 인정하고, 이는 눈에 보이는 성적, 성과 외에도 많은 가능성, 창의성을 가진 청소년들이 세계를 변화시킬 수 있다는 것을 의미할 것이다.

이 책에 대한 평가

이 책은 종종 대학입시 논술문제의 예문에 출제되기도 한다. 청소년들에게는 조금 지겨울 수 있는 부분도 있지만 바쁘게 뒤돌아 볼 여유도 없이 살아가는 현대인, 공부만 하는 청소년, 직장만 오가는 직장인, 인성보다는 오로지 성적에만 신경 쓰는 학부모 등 모두가 한번쯤 생각하고 쉬어갔으면 하는 바람과, 각자의 삶을 선택할 수 있었으면 하게 만드는 책이다.

더 읽어 볼 책

도서명	저자
무소유	법정
화 anger	틱낫한
엔젤 아우라	최정화
고민하는 힘	강상중
모리와 함께한 화요일	미치 앨봄

봉사, 독서 포트폴리오

만화가가 꿈인 고3 학생과의 전화통화 내용이다.

학생 선생님 입학사정관제에서 봉사활동이 중요하잖아요?

필자 그렇지요.

학생 그런데 저는 '봉사활동' 하면 고개를 들 수 없을 정도로 창피한
　　경험만 떠올라서 도저히 자기소개서를 쓸 수 없어서 전화 드렸
　　습니다.

필자 무슨 일인데 그래요?

학생 저는 주로 학교에서 단체로 공원 청소하는 활동을 했고요. 큰
　　맘 먹고 봉사활동다운 봉사활동을 하기 위해서 꽃동네에 하루
　　다녀왔어요. 그런데 꽃동네 봉사활동은 생각만 하면 얼굴이 확

달아올라요.

필자 무슨 일이 있었기에 그래요?

학생 오전에 제가 맡은 역할은 몸을 제대로 움직이지 못하는 어르신
들 목욕을 도와드리고 옷 입는 것을 도와드리는 일이었습니다.
그런데 그런 일은 한 번도 경험해 보지 않아서 당황스러웠고 그
러다 보니 옷을 입혀 드릴 때 손을 어떻게 넣어드려야 할지도 몰
라 어리둥절했어요. 점심때는 상 차리는 일을 맡았는데 숟가락
을 어디에 놓아야 하는지, 밥과 국의 위치는 어디인지도 분간이
안 되어 눈치를 봐야 했습니다. 오후에는 더 낯 뜨거운 일이 벌
어졌습니다. 어르신들을 휠체어에 태워 산책을 시켜드리는 일이
었는데요 약간의 오르막길이었는데도 힘이 달려 헉헉거렸더니
그분께서 "학생 힘들지! 올라가지 않아도 되니 여기서 쉬었다가
내려가." 하셨어요. 너무 창피해서 눈물이 핑 돌더라고요.

필자 아, 이야기를 듣다 보니 그림이 그려지네요.

학생 선생님 자기소개서에서는 봉사활동을 하게 된 동기와 의미 그
리고 전공과 관련성을 묻더라고요? 그런데 아무리 생각해 보아
도 무엇을 써야 할지 떠오르지 않아요. 어쩌죠?

위 학생의 고민 이야기는 특별하다기보다는 대부분의 우리 학생들
이 겪고 있는 일반적인 모습이다. 봉사활동에 대한 준비도 되어 있지
않은 상태에서 평가라는 강요에 어쩔 수 없이 하고 있다. 이것은 결
국 교육적이지도 않을뿐더러 사회 기여 측면에서도 도움이 되지 않
는다. 다시 학생과 멘토링하는 이야기로 가보자.

필자 입학사정관제는 진정성이 가장 중요한 무기입니다. 방금 학생
이 이야기한 사실 경험을 바탕으로 고등학교학생으로서 갖추어
야 할 자질과 역량으로 무엇이 부족한지 그리고 그것을 채우기
위해서 어떤 노력을 하고 있으며 앞으로 더 관심 있게 준비할 것
이 무엇인지를 자세히 밝히면 됩니다.

학생 무척 어렵네요. 조금 쉽게 예를 들어주실 수 없을까요?

필자 가령 학생의 경우 공원청소라는 식상한 봉사활동에 만족할 수
없었고 봉사체험을 가장 체계적으로 할 만한 곳으로 꽃동네를
정했으며 그 경험을 통해서 그동안 '나' 하나만 생각하고 살아
온 것과 공부라는 이유로 생활의 기본조차도 익히지 못한 것에
대한 반성 그리고 '다른 사람'을 돕는다는 것은 나를 더 성장시
키는 계기가 된다는 것 등 그 활동을 통해 왜 창피했는지 곰곰이
생각해 보면 쓸 말이 떠오를 거예요.

학생 예, 더 고민해 보겠습니다. 그런데 선생님. 저는 만화가가 꿈이
라서 국어국문학과를 지원하려는데 전공과는 어떻게 연계지어
설명하죠?

필자 예를 들어볼까요?

　'저는 이번 봉사활동을 체험하면서 학생으로서 지속가능한 봉사
활동을 하려면 학생들의 꿈과 진로 또는 취미나 특기와 연계된
그래서 평소에 동아리활동을 하면서 길러진 능력을 적절한 대
상에게 줄 수 있어야 한다고 생각해 보았습니다. 그래서 저는
글쓰기와 만화그리기에 소질이 있으니 앞으로는 봉사시설에 환
경미화봉사라든지 봉사활동 소식지 등을 만드는 일 등 제가 자

신 있게 도울 수 있는 것을 가지고 적극 활동할 생각입니다.'
학생 예, 이제 알 것 같습니다. 감사합니다.

　입학사정관제와 관련해 보다 유리한 봉사활동 스펙 쌓기에 힘입어
사회적 약자에 대한 관심이 뜨거워지고 있는 것은 긍정적이다. 이 기
회에 학교와 지자체 그리고 봉사관련 사회단체가 손을 잡고 나눔의
선진공동체사회로 도약할 수 있는 시스템을 만들었으면 하는 소망이
다. 역사의 비약적 발전은 흐름과 타이밍이 중요하다. 아직도 혼란스
러워하는 특목고입시의 자기주도학습전형과 대학입시의 입학사정관
제 도입은 자녀교육문제라면 물불을 가리지 않는 우리 사회 분위기
에서는 새로운 질서를 만드는 데 충분한 계기가 될 것이기 때문이다.
문제는 봉사활동이 왜 필요한지에 대한 명확한 인식과 적절한 방법
을 찾는 것이다. 자원봉사를 몸소 실천하고 그에 대한 지침서를 읽어
야 할 이유가 여기에 있다.

독서멘토링 1단계 마음 열기

맹목적인 봉사활동에 앞서서,
이 시대에 왜 봉사정신이 필요한지 먼저 공부하자!

  필자는 온라인으로 '지식나눔' 자원봉사활동에 참여하고 있다. 정보가 상대적으로 부족한 지방의 학부모와 학생들에게 입학사정관제에 대해서 무료로 멘토링하는 활동이다. 솔직히 지치고 힘이 많이 든다. 무료라서 그런지 참여자들은 대부분 소극적이다. 4회 연속 프로그램인데 마지막까지 남는 사람은 1/3도 채 되지 않는다. 물론 과제도 충실히 하지 않는다. 이것이 반복되다 보니 그만둘까 하는 갈등도 많다. 곰곰이 생각해 보면 필자의 자원봉사는 진정한 자원봉사가 아니었다. 이 일을 하게 된 동기는 나를 알리고자 하는 간접홍보가 계산된 것이기 때문이다. 그리고 방법의 선택도 지극히 자신의 편리에 의해 구상된 것이었다. 자원봉사는 말처럼 진정성을 실천하기가 쉽지 않다는 체험을 했다.

  얼마 전 텔레비전에서 한동대학교 기계공학과 학생들이 태국 고산지대의 열악한 환경에 사는 사람들을 대상으로 난방시설을 설치해 주는 자원봉사활동을 보았다. 난방개념이 없던 그들에게 이상기후로 인해서 동사자가 있다는 소식을 듣고 교수와 학생들이 뜻을 모아 현지인들과 함께 그곳에서 구할 수 있는 재료를 가지고 자활할 수 있는 기술을 전달해 준 아름다운 이야기였다. 필자가 감동을 받은 것은 그 봉사활동을 마친 후 한 학생의 인터뷰 내용이다.

"그동안 자연과학도로서 최첨단공학연구에만 몰두해 온 것이 부끄럽다는 것을 느꼈습니다. 그것은 지구촌 사람들의 10%에게만 해당하는 것이기 때문입니다. 지금도 많은 과학도들은 실험실에서 자신의 명예를 위해서 소수에게 혜택을 주는 연구를 계속하고 있습니다. 저는 이번 봉사활동을 체험하면서 앞으로 지구촌 사람들의 90%를 위한 착한 과학도가 되기로 생각을 바꾸었습니다."

이 얼마나 감동적인 이야기인가! 이 땅에 이러한 청소년들이 하나둘씩 늘어날 때 대한민국은 선진국으로 우뚝 서게 될 것이다. 따라서 먼저 자원봉사를 실천한 사람들의 이야기를 듣고 진정성의 기준과 방법을 충분히 공부해야 한다.

자원봉사 책을 읽기 전에 다음의 항목들을 충분히 검토해 보자.

첫째_ 나는 자원봉사를 왜 해야 하는지 깊이 있게 생각해 본 적이 있는가?

둘째_ 나는 나보다 부족한 사람을 우월의식이나 동정심으로 대한 적은 없는가?

셋째_ 나는 자원봉사활동을 여유가 생길 때 하려고 미룬 적은 없는가?

넷째_ 나는 자원봉사활동을 다른 사람들의 시선 때문에 형식적으로
       한 적은 없는가?

다섯째_ 나는 사회배려심이 충분히 있다고 생각하는가?

여섯째_ 나는 자원봉사활동은 '자신의, 자신에 의한, 자신을 위한'
        삶이라고 생각는가?

일곱째_ 나는 진정한 봉사활동은 나의 건강한 삶의 토대 위에서 비
        롯된다는 것을 알고 있는가?

여덟째_ 나는 하루에 한 번씩 내가 도와야 할 대상에 대해 고민하
        는가?

아홉째_ 나는 자원봉사활동은 '나'와 '너' 그리고 '우리' 모두가 함
        께 잘사는 상생철학의 실천이라고 생각하는가?

열째_ 나는 자원봉사활동을 평생 할 계획인가?

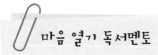

"이제는 더 이상 사람들을 도울 힘이 내게 없다고 생각할 때에도, 가난하고 고통받는 사람들을 볼 때면 여전히 그들을 도울 힘이 내게 남아 있음을 나는 안다."

"세상은 참으로 이상합니다. 본질적인 것은 뒷전으로 미뤄둔 채, 사람들은 온통 비본질적인 것에 매달립니다. 굶어 죽어가는 아이에게 음식을 먹여 살리는 것, 전쟁을 중단하는 것, 가난한 사람들에게 더 많은 관심을 쏟는 것, 이것들이 나는 본질적인 일이라고 믿습니다."

"자기가 태어나기 전보다 세상을 조금이라도 살기 좋은 곳으로 만들어 놓고 떠나는 것, 자신이 한때 이곳에 살았음으로 해서 단 한 사람의 인생이라도 행복해지는 것, 이것이 진정한 성공입니다."

김혜자 『꽃으로도 때리지 마라』 중에서

책 속 멘토와 대화 나누기 ----------- 봉사

『자원활동은 자원봉사가 아니다』 이선재 외

내용 요약

사람의 생각이 올바로 바뀌기 전까지는 아무리 가치 있는 일을 하더라도 부작용을 생산해 낸다. 자원 봉사가 그 대표적이다. 남을 돕는답시고 자기 만족에 안주해 일방적인 도움만 준다. 이 책은 지금까지의 우리의 봉사활동이 얼마나 교만했었는가 낯이 뜨겁게 한다. 책의 저자는 '자원봉사를 자원활동' 으로 바꾸어야 한다고 주장한다. 자원(自願)은, 스스로 원하고 선택해서 이웃, 지역사회, 국가, 세계적인 문제해결을 통해 사회의 발전과 변화, 나의 삶의 질이 높아지는 교류활동이다. 따라서 받는 자와 주는 자가 구분되지 않고 서로 주고 서로 받아 함께 나아짐을 목적으로 해야 한다는 것이다. 그야말로 '줌 = 받음' 의 공식이다. 이런 생각이 바탕이 되어야 다름을 이해하고 보편성을 확인할 수 있으며 개인이 변할 수 있다. 자원활동을 하기 위한 준비, 시행착오 줄이기, 자원활동 현장 사례, 사후 활동까지, 자원활동이 맘만 먹는다고 해서 행동으로 실천할 수 있는 일이 아니라 철저한 준비가 뒤따라야 한다는 당부를 한다. 현지 중심을 원칙으로 난민, 소수자, 어린이 등을 대상으로 하는 활동, 생태, 식목, 재활용 등 환경활동, 문화교육, 교육시설 건축, 질병예방, 환경보존 캠페인 등

교육활동, 긴급구호 활동, 평화와 통합 활동, 문화유산 지키기 활동 등 다양하게 나누는 자원활동의 유형을 자신의 경험을 중심으로 세세하게 설명해 놓고 있다. 우리나라 사람들의 자원활동이 주먹구구식이며 일회성이어서 현지에서 긍정적으로 평가받지 못하고 있음도 꼬집으며 자원활동이 갖는 큰 가치와 의미를 강조하고 있다. 21세기 글로벌 역량을 넓히기 위해 청소년들이 반드시 읽어 둬야 할 교양서이다.

가장 인상 깊었던 부분과 그 이유

이 책에서 짚고 넘어가야 할 부분은 한국의 국제자원활동 참여이다. 한비야 씨와 반기문 씨 등을 통해 국제적으로 활동하는 유명인들의 가치 있는 삶을 가깝게 경험하면서 청소년들의 꿈이 국제활동 혹은 사회 배려에 관련된 방향으로 집중되고 있다. 어려운 사람들을 돕기 위해 의사가 되고, 과학자가 되고 UN기관에서 봉사하는 사람이 되고 싶다는 청소년들이 늘어나고 있다. 인간적인 바람직한 이상이지만 표면만 있고 내실이 빠진 채 막연한 허상에 매달리고 있다는 생각이 든다.

학교에서 점수로 매겨지면서 또 하나의 하지 않으면 안 되는 과제로 전락한 봉사. 심지어 대학입학에 필수요소로 자리 잡은 봉사점수는 급기야 입시를 위한 점수따기 봉사로 변질되어 있다. 이런 인식은 국제활동에서도 예외가 아니어서 '대규모, 단기간, 한국사람끼리, 교육봉사 위주, 일방향, 우월의식으로, 애국적으로' 치러진다는 것이다. 이런 활동은 현지인에게 의존성만 키우고, 경쟁을 부추기며 심지어 현지인에게 모멸감을 안겨주기도 한다고 비판한다. 특히 종교인의 자원활동은 전투적이며 이기적이어서 현지의 문화정체성을 해치기도 한다는 것이 저자의 지적이다. 오랜 기간 원조를 받던 우리 정서가 주는 입장이 되다 보니 의무와 책임이 아닌 가진 자의 우월감과 여유를 행세하기 위해 봉사하는 것이 아닐까 싶다.

사회의 계층구조가 수평적이 되어 버린 지금이고 보면 동등계층을 형성하는 지구촌 이웃들에 대한 인식의 전환이 필요하다. 아니 이미 전환되어 자연스럽게 수평을 이루고 있어야 한다. 자원활동을 하는 많은 국가들 중에서 오직 우리나라만 멈춰 있다는 것은 위기다.

봉사와 관련해 자기 생각 펼치기

봉사(奉仕)는 '국가나 사회, 남을 위해 자신을 돌보지 않고 힘을 바쳐 애씀' 이다. 그래서 봉사는 힘들고 어렵다. 그리고 인간이 자신을 돌보지 않고 힘을 바쳐 애쓰는 대상은 자식 이외에 불가능하다. 희생이 전제되기 때문이다. 부모 자식 간에도 성장한 이후에는 희생에 대한 보상을 스리슬쩍 바라는 것이 인지상정인데, 하물며 타인을 위해 자신을 희생하는 것이 얼마나 지속적일 수 있는지는 의문이다. 그래서 봉사는 바람직하지 않다. '자원활동' 이어야 하는 것이다. 나도 얻고 상대도 이익이 될 때 서로 합의가 가능할 뿐더러 오랫동안 유지할 수 있는 것이 솔직한 심사가 아닌가 말이다.

이 책에서는 가난한 나라 사람들이 오히려 자기정체성이 확고하다고 말한다. 맞는 말이다. 문명 선진국이라는 나라들을 보더라도 모두 획일적 생활양식을 가지고 있다. 비슷비슷한 주택구조, 옷, 제도, 사용하는 용품들. 옳고 그르다는 이분법적인 논리를 뒤집어 보아도 문명 선진국의 기준에서 만들어진 것들이 대부분이고 보면 이상하리만큼 독특한 민족들의 전통 생활방식에서 상생의 가치를 발견하는 꼬투리가 참으로 많다. 그러니 저자의 말이 마땅하고도 마땅한 것이 서로 배울 수 있으며 서로 변화 발전시키는 것이 자원활동이지, 나는 희생하고 일방적으로 너에게만 주리라는 봉사는 이기적인 본래 성품을 가진 인간에게 얼마나 고역일까 이해할 수 있는 일이다.

나도 남들처럼 거창한 직업에 고상한 꿈을 가지고 있는데 외교관이 꿈이다. 내 나라의 문화나 역사를 널리 알려 대한민국의 위상을 드높이는 것이 내 목적이다. 그러나 나는 상대를 외면한 내 나라의 위상만 고집하려는 것이 얼마나 편협한 것인지는 알고 있다. 외교관은 '교류'이다. 통상(通商)이라는 글자에서 알 수 있듯이 서로 주고받으면서 관계를 영위한다는 의미를 가지고 있다. 즉 서로에게 이익이 되는 합당한 역할을 외교관이 해야 하는 것이다. 우리도 이익이지만 자신들에게도 이익인 것들, 서로 상보적 역할을 하게 하니 국가의 위상은 자연히 높아질 터이니 말이다. 특히 우리 문화양식은 자연친화적이고 인간적이다. 잘사는 나라에서는 건강과 지속적인 삶을 위해 긍정적인 전통이고, 그렇지 않은 나라는 지켜야 할 덕목이니 서로 아우를 수 있는 가치들이다. 더 아름다운 것은 우리의 공동체 의식이다. 지구이웃이라는 글로벌 의식에서 가장 중요하게 꼽는 상생이 바로 공동체 의식에서 비롯된 것임을 부인할 수 없다.

보편이라 함은 각각의 정체성이 살아 숨 쉬는 다양한 모양 그대로를 말한다. 가난도, 부자도, 소수자도, 곰보도, 째보도 모두가 갖추어진 세상이 정상 세상이다. 그런 세상으로 되돌리는 데 나만한 사람 있으면 나와 보라고 자신 있게 외칠 수 있다.

내가 읽은 봉사 독서

주요내용:

인상 깊은 부분과 이유:

나의 봉사활동과 관련해 더 관심 갖게 된 분야(부분):

독서멘토링 3단계 · 체험 교감하기

생각을 온몸으로 체감하기 ------------------------------●

체험 교감

☺ 이웃과 사회 살피기(사회 빈 곳 찾기)

_____

_____

_____

☺ 나의 자원 점검하기(내가 줄 것 찾기)

_____

_____

_____

☺ 구체적인 활동하기

_____

_____

_____

자기비전 디자인하기

나의 봉사활동과 관련해 독서 포트폴리오 만들기

독서 포트폴리오

🐛 이 책을 읽게 된 동기, 계기를 나의 봉사활동과 관련해 적어 보자.

🐛 이 책의 줄거리를 간략하게 소개하고, 특히 인상 깊었던 부분과 이유를 나의 봉사활동과 관련지어 정리해 보자.

🐛 이 책을 접하기 전과 후의 변화과정을 나의 봉사활동과 관련지어 정리해 보자.

🐛 이 책에 대한 평가와 이 책을 통해 더 관심 갖게 된 분야, 그리고 더 읽어 보고 싶은 책을 나의 봉사활동과 관련지어 정리해 보자.

봉사, 독서 포트폴리오

『상록수』 심훈

동기

중학교 교과서에 수록된 『상록수』는 일부만 발췌해서 실려 있어 감질나게 해 언젠가 꼭 읽어 보고 싶었던 작품이다. 한국현대문학의 흐름 단원을 배울 때도 언급되고, 고등학교 과정에서도 자주 등장하는 작품이기 때문에 여름방학을 맞아 꼼꼼하게 읽기 위해 집어 들었다. 브 나로드(V narod) 운동을 모델로 농촌 계몽운동을 하는 젊은 청년들의 순수한 사랑과 당시 사회 현상에 대해 세세하게 적어 놓아 이광수의 『흙』과 비교되는 작품으로 평가된다.

줄거리

영신과 동혁은 우연히 OO 신문사 주최 농촌 계몽 운동에 참여해 주최측이 베푼 위로회에서 연설을 한 것을 계기로 사랑하는 사이가 된다. 형편이 어려웠던 동혁은 고향 한곡리로 내려가고 영신은 청석골에서 농촌 계몽 운동을 하며 헌신, 봉사의 삶을 산다.

동혁은 나이 어린 청년들을 모아 농우회를 조직하고 회관 건립과 마을 개량 사업을 추진한다. 그러나 지주의 아들인 강기천은 이를 불편하게 여겨 방해하고 동혁은 어려움을 겪는다.

어렵게 장만한 농우회 회관을 당국에서 권장한 농촌 진흥회 사업을 위한 회관으로 돌리기 위해 계획을 세우지만 동혁이 이를 반대한다.

채영신은 기독교 청년회 농촌사업부의 추천으로 청석골로 내려가

부녀회를 조직하고, 마을 예배당을 빌려 어린이를 위한 강습소를 연다. 그러나 주재소에서는 영신의 활동이 눈에 가시처럼 거슬려 모집하던 기부금 강요를 못 하게 할 뿐 아니라, 강습소 학생을 80명으로 강제로 제한한다. 하지만 배움에 목말라하던 학생들은 나무 위로 올라가거나 담에 매달려 수업을 들으려 애를 쓴다. 이 모습이 감격에 겨운 영신은 창문을 활짝 열고 칠판을 창문 쪽으로 돌려 밖에서도 볼 수 있게 배려한다.

영신은 더 큰 교실을 위해 재력가인 한낭청을 찾아가 약속한 기부금 50원을 줄 것을 간청하지만 기부금 강요 혐의로 주재소 신세를 지게 된다. 복합적인 과로와 스트레스로 인해 쓰러진 영신을 동혁이 돌보는 사이 강기천은 농우회 회관을 진흥회 회관으로 만든다. 이에 화가 난 동혁의 여동생 동화가 회관에 불을 지르려다 들키자 동혁이 구속된다. 면회 온 영신은 동혁을 위로하고 더욱 굳은 의지를 확인하지만 출옥한 동혁을 맞이한 것은 싸늘한 영신의 주검이었다. 일본에서 공부할 때 얻은 병이 악화되어 숨진 것이다. 영신의 장례를 치른 동혁은 상록수들을 보며 농민을 위한 삶을 살 것을 다짐한다.

인상 깊었던 부분과 그 이유

이 책의 주인공은 실제 인물이라고 한다. 일제 강점기에 기독교 신앙을 통해 농촌계몽 운동을 벌인 최용신이 그 인물이다. 지금의 안산시에 위치한 농촌마을이었던 샘골에서 26세로 생을 마감하기까지의 삶을 일제치하의 열악한 현실에 놓인 농촌 사람들을 계몽하는 일에 바쳤던 사람이다. 나라를 되찾고 힘을 기르는 길은 '지식의 힘'이 있어야 한다며 '아는 것이 힘, 배워야 산다.'는 구호로 아이들에게 의지를 갖게 한 교육자이다.

배운 사람이 흔치 않는 시대였기 때문에 충분히 대우를 받을 수 있는 위치에 있었음에도 농촌에 와서 훼방과 억압에도 자신의 지식을 나눠주려는 마음을 가졌던 것은 쉬운 일이 아니었다.

갈매기 조나단도, 슈바이처 박사도, 국경없는 의사회 같은 조직도 자신이 어렵게 얻은 것들을 꼭 필요한 사람들에게 대가 없이 나눠 주었다. 빈 곳을 채우면서 얻는 만족은 고통을 당하더라도 아프지 않게 하는 특별한 약이 아닐까 하는 생각이 든다.

이 책을 읽고 변화된 생각

텔레비전에서 불치병이나 지체장애자를 자녀로 둔 부모가 인터뷰에 응할 때가 있다. 그들의 특징은 자신의 처지를 비관하거나 불평하지 않고 자녀 걱정을 더 많이 한다는 것이다. 뿐만 아니라 고된 노동일 텐데도 육체가 힘든 것을 고통스러워하지 않는다. 언제 끝날지 모르는 기약 없는 일이어서 나 같으면 감당하기 힘들어 도망쳐 버렸을 것 같다.

사람 인人자는 서로 의지해야 하는 존재이기 때문에 받쳐주고 있는 형상의 글자라고 한다. 나약한 아기를 돌보는 엄마는 누구보다 강하듯이, 또 남자와 여자는 반대의 성격이 만나듯이 각자가 가진 것이 상대에게 보완재가 되어 완전한 하나가 된다는 글을 읽은 적이 있다. 그래야만 마음속에서 '행복과 만족'을 느낄 수 있다고 한다.

봉사는 이렇게 서로 주고받기 때문에 오랫동안 실천할 수 있으며,

하면 할수록 중독되는 것이라는 결론을 내려 보았다. 가깝게는 봉사 활동을 하시는 부모님을 통해서도 그것을 알 수 있기 때문이다.

나는 내가 줄 수 있는 것이 무엇인지 아직 잘 모르겠다. 그래서 내가 할 수 있는 일부터 시작하기로 마음먹었다. 내 방 청소를 스스로 해서 어머니 수고를 덜어 드리는 일, 인사를 먼저 하는 일 등. 이런 일들을 하다 보면 내 마음이 먼저 기쁠 것이다. 이웃과 사회를 위해 내가 빈 곳을 채우게 될 때까지 차근차근 주변을 둘러보며 내가 먼저 기쁜 일을 해 나갈 것이다.

실전 사례글

『아프리카의 성자 슈바이처』 황영옥 외 1편

자기주도학습전형 –자사고 지원자–

빗질도 제대로 안 된 머리와, 이곳저곳 기워진 허름한 바지를 입으며, 오직 타인만을 생각했던 분이 계셨습니다. 바로 제 롤 모델인 슈바이처 박사님입니다. 저는 슈바이처 박사님의 전기문을 인상 깊게 읽었습니다. 이 책은 제가 의사가 되고 싶다고 생각한 이후부터 어떤 의사가 될 것인지에 대해 고민할 때 이 책을 읽게 되었습니다.

어릴 때부터 생명을 소중히 여기셨던 슈바이처 박사님은 승승장구하던 교사와 목사로서의 명예를 버리고 사람을 살리기 위해 의사의 길을 택했습니다. 교수, 박사, 목사인 슈바이처는 1913년 서른여덟 살의 나이로 아프리카에서 닭장을 고쳐 병원을 세웠고, 노벨상 상금으로 한센병 환자를 위한 병원도 세워 살아있는 성자로 칭송받았습니다. 한평생을 나 아닌 다른 사람을 위해 산 사람들은 흔치 않습니다. 슈바이처 박사님이나 마더 테레사 수녀처럼 편한 생활을 버리고 고통받는 사람들을 위해 살며 진정한 인류애를 실천한다는 것은, 제가 어떤 의사가 되어야 하는지 잘 알게 해 주었고, 또한 제가 닮고 바라보고 싶은 삶의 롤 모델이 되었습니다.

주변의 많은 친구들이나 선후배들도 의사를 꿈꾸고 있습니다. 대부분은 가난한 사람을 돕기 위해서라고 합니다. 슈바이처 박사님의 삶을 닮고 싶어서일 것입니다. 현재 우리 사회에서 이런 인도주의적 생각을 가진 사람들이 많다는 것은 그만큼 사회가 어렵고 고통받는 사람들이 있기 때문입니다. 저도 이런 생각을 가진 주변 사람들과 힘을 모아 이 사회에 환한 등불이 되는 사람으로 기록되기 위해 다짐하고 있습니다.

『국경없는 의사회:인도주의의 꽃』 엘리어트 레이턴

저는 『국경없는 의사회:인도주의의 꽃』이란 책을 감명 깊게 읽었습니다. '세계는 우리의 응급실이다. 우리 대기실에는 20억 명의 환자가 있다!' 이 책은 인도주의적인 행위로서 관대함과 자비, 그 이상을 넘어 사람들이 인간의 권리와 존엄성을 되찾도록 돕는 것을 목적으로 세상을 좀 더 견딜 만한 곳으로 만드는 일에 그들의 자유를 바치기로 한 사람들의 이야기입니다. 인도주의란, 모든 사람이 존엄성을 인정받아 모든 인간이 치료를 받을 수 있는 권리, 음식물이나 깨끗한

물, 숙소, 안전, 의료, 교육과 같은 삶에 가장 기본적인 것을 누릴 수 있도록 하는 것입니다. 재해나 질병의 고통 속에 갇힌 사람들이 있다면 당연히 돌보아야 할 의무가 있다고 믿는 사람들이 벌이는 숭고한 활동들을 기록하고 있습니다.

처음에 국경 없는 의사회에 대해 접했을 때 '왜 편안함을 버리고 힘든 오지로 가서 사람을 고치는가?' 라는 생각을 했습니다. 하지만 의사를 장래직업으로 선택한 후에는 가장 가치 있는 일이고 당연한 일이라는 생각이 들었습니다. 사회의 발전과 이 지구촌을 위해서 힘든 곳도 마다하지 않고, 아픔, 질병과 투쟁하며 사람을 고치는 이런 일들은 의사의 본분이라고 생각합니다. 이 책을 읽고 생명의 소중함과 인간의 존엄성을 갖는 일이 제가 키워야 할 역량임을 깨달았습니다. 그 마음을 잃지 않도록 무엇을 어떻게 해야 할지 주변을 살피고 있습니다.

『제 친구들하고 인사하실래요?』 조병준

-입학사정관제 멘토링 지도사-

큰 딸은 고등학생 시절 3년 동안, 힘든 입시 준비를 하면서도 주말과 방학을 이용해 1400여 시간의 봉사활동을 다녔다. 환경봉사, 시각장애인 봉사와 교육 봉사 등으로 장관상, 교육감상, 푸르덴셜 봉사상을 수상하며 바른 학창시절을 보낼 수 있었다. 그래서 작은 딸아이에게도 봉사를 권유하려다 읽게 된 책이 바로 이 책이다. 작은 딸은 요즘 다문화 가정의 교육봉사를 나와 함께 다니며, 봉사를 통해 남을 배려하고 사회를 위해 기여하는 마음이 생기게 되었다. 이 책은 저자의 봉사정신의 삶을 통해 우리가 누리고 받은 것을 어려운 이웃에게 나눔과 베풂을 통해 새로운 인생의 꿈과 비전을 갖게 해 준 책이다.

저자인 조병준은 1993-1998년까지 3회에 걸쳐 인도 캘커타의 '마더테레사의 집'에서 자원봉사 생활을 했다. 그 봉사활동을 통해 만난 세계 각국에서 온 자원봉사자들(19명)의 에피소드와 봉사 현장의 이야기를 이 책은 생생하게 들려준다. 마더테레사의 집은 죽음을 기다리는 집, 영생의 집이라고 불리는데, 특히 마더테레사가 연약한 수녀의 몸으로 혼자 질병과 죽음으로 가득 찬 빈민가로 들어가 병든 자를 치료하고, 아이들을 가르치며 힘든 수도자 생활을 하는 내용은 마음의 심금을 울린다. 매일 포기하고 싶을 만큼 힘든 봉사활동을 저자가 묵묵히 이겨낸 진솔한 이야기들은 나를 새롭게 돌아보게 했다. 또한 치열한 삶의 현장을 통해 진정한 글로벌정신과 희생정신을 배울 수 있었다. 저자는 이 책의 인세 12%를 마더테레사의 집과 외국인 노동자를 위해 기부하겠다고 했는데 참 아름다운 마음이 아닐 수 없다.

"불확실한 세상에서 그래도 비틀거리지 않고 살 수 있게 해 주는 힘이 하나 있습니다. 친구들이 제 곁에 머물러 있어 줄 것이라는 믿음입니다."라는 저자의 고백은 자원봉사생활을 통해 인생의 참 기쁨과 의미를 공유했던, 세계 각국의 살아있는 천사들이 큰 힘이 되어 저자가 봉사생활을 계속 할 수 있었다는 것을 단박에 느끼게 하는 말이다. 작은 나눔이 모여 큰 뜻을 이룰 수 있음을, 인종을 초월해 봉사하는 저자의 글로벌 휴머니즘이 가슴 깊이 와 닿았다.

이 책은 Career consultant와 다문화가정 상담사로서의 봉사가 꿈인 나에게 많은 교훈을 준 책이다. 인생의 후반에 접어들면서 이제껏

사회로부터 받고 누려온 것을 사회에 작은 나눔을 실천함으로써 환원할 수 있다는 자신감도 생겼다. 현재 외국인 근로자 가정을 돕는, 작은 딸이 하고 있는 다문화가정의 자녀들을 위한 진로지도 봉사에도 더욱 적극적으로 참여할 계획이다.

입시를 위한 봉사로 시작한 봉사 문화가 어느덧 정착되어 우리 청소년들도 봉사의 참뜻을 알고 실천하고 있어서 참 보람을 느낀다. 이 책은 실제 봉사 현장에서 만난 사람들 이야기와 봉사 사진이 소개되어 생동감 있게 봉사정신을 일깨워주는 책인 것 같다. 힘든 오지에서 작은 것부터 실천하고 나눌 수 있는 참 봉사 정신과 글로벌문화를 제시하고 있어서 봉사를 기꺼이 하며 그 참 맛을 느낄 수 있도록 함에 우리 청소년들에게 적극 추천한다.

더 읽어 볼 책

도서명	저자
조화로운 삶	헬렌 니어링
다문화 사회에서 생각하는 모어교육	박정은
아프리카 내사랑	미셸 아르스노
왜 세계의 절반은 굶주리는가	장 지글러
민들레 국수집의 홀씨 하나	서영남

EXPERIENCE

체험,
독서 포트폴리오

해 보고 하는 말과 해 보지 않고 하는 말은,
진정성의 기준에서 보면 하늘과 땅만큼 차이가 난다.

중학교 2학년 아들을 둔 아버지가 연구소를 찾아 상담을 의뢰했다.

학부모 요즘은 자기주도학습전형이다, 입학사정관제다 해서 입시제
　　　도가 많이 달라지고 있는데 우리 아이는 아무것도 준비하고
　　　있지 않아 불안하기만 합니다.
필자　아이의 관심분야나 꿈은 무엇이라고 하던가요?
학부모 사실 그 문제 때문에 여기에 왔습니다. 우리 아이가 도대체
　　　이해가 안 됩니다.
필자　무슨 문제라도…….
학부모 글쎄 이놈아가 요리사인지 뭔지를 한다며 요리잡지를 보질
　　　않나, 요즘에는 요리학원을 가겠다고 합니다. 이것을 어찌해

야 할지 앞이 캄캄합니다.

필자 아직 중2학년이면 진로에 대해서 다양하게 개방해 놓고 관찰하는 것도 필요하지 않을까요?

학부모 선생님, 남의 자식문제라고 그렇게 쉽게 말씀하시면 안 되죠…….

학부모는 흥분을 하며 자신이 살아온 이야기를 털어 놓았다. 시골에서 9남매 중 막내로 태어났는데 가정형편이 어려워 공부의 기회를 놓쳤단다. 원래는 교사나 교수가 되고 싶었는데 빨리 졸업하고 돈을 벌어야 했기에 상고를 졸업하고 은행에 취직을 했다고 한다. 하지만 은행원 생활이 만족되지 않아 직장에 다니면서 고시공부를 해서 1차까지는 합격을 했지만 대기업 기획실에 취직했다. 그리고 지금은 금융회사에서 고위직까지 올랐다는 것이다. 월세 5만원부터 시작해서 남들이 부러워하는 서울 강남학군까지 와서 아이를 공부시키려 하는데, 아이는 아버지 이야기는 들으려 하지도 않는다는 사연이었다.

필자 그러시면 아버지는 자녀에게 원하시는 게 뭐죠?

학부모 지금까지 성적은 상위권입니다. 그러니 우선은 고등학교가 중요하니까 특수목적고를 목표로 열심히 공부했으면 하죠. 그래서 괜찮은 대학에 들어가 판검사나 교수가 되었으면 합니다.

필자 아버님 이야기 충분히 이해합니다. 이야기를 듣다 보니 저의 부모님 생각이 나네요. 팔순이 가까운 저희 부모님께서도 비숫한 경우이셨거든요. 어쨌든 과거는 과거고 당면한 문제를 풀어야 할 텐데요. 혹시 아이의 어머니 생각은 어떤가요?

학부모 저하고는 생각이 많이 다릅니다. 아이가 좋아하는 것이면 들어주는 편이라서 아이가 정말 요리 쪽에 관심과 능력이 된다면 그 방향으로 밀어주고 싶다고 합니다.

필자 그렇군요. 아이의 장래 인생이 달린 문제이니 오늘 당장 결론을 내리기보다는 여러 각도에서 관찰하고 아이와도 함께 협의해 나갈 문제라고 생각합니다. 그 과정에서 중요한 것은 아버지가 살아온 도전정신이지 겉으로 드러난 학교와 직업은 아니라는 것입니다. 그리고 한 가지 더 말씀드리면 직업을 검토하는 데 있어서도 과거의 고정관념을 벗어나야 한다는 점입니다. 가령 요리에 관심이 있다면 그쪽으로 계속 공부해서 그 분야의 교수가 될 수도 있고, 경영과 결합해서 CEO가 될 수도 있고, 식문화에 대한 사회운동가가 될 수도 있으며, 그 분야 전문 언론이나 출판가가 될 수도 있지 않을까요?

학부모 잘 알겠습니다. 도전정신이라…….

사실 대부분의 중학교 2학년 학생들이라면 그저 학교공부와 학원 다니기 바빠서 자기만의 길을 찾기 위해 모험과 도전을 하기는 쉽지 않다. 더구나 위 학생처럼 상위권학생들은 목표하는 학교에 합격하는 것이 곧 도전이요, 모험이다. 쉽고, 빠르고, 편리하게 살려는 현대 문명 속에서 남들이 가지 않은 길을 찾아내기란 여간 어려운 일이 아니다. 그래서 도전과 모험 그리고 나만의 독특한 경험은 귀한 성적이 된다.

입학사정관제에서 빠지지 않고 하는 질문 가운데 하나는 '지금까지 살면서 자신에게 가장 어려웠던 경험을 소개하고 그것이 자신의 삶과 장래계획에 미친 영향'을 묻는다. 이른바 역경극복 의지와 문제해결능력을 평가하기 위한 질문이다. 상당수 학생들은 이 부분에서 무엇을 써야 하고 말해야 할지 난감해한다. 고작 해야 특목고 떨어진 것과 성적 떨어진 것이 만만한 소재들이다.

이제 교실 밖 사회를 가르치고 배워야 한다. 성적의 치열함이 경쟁력을 의미하지는 않기 때문이다. 입학사정관제에서는 실패의 경험도 중요한 스펙이다. 가정환경, 학교환경, 지역환경의 열악함을 탓하지 말고 자신의 꿈을 향해 멈추지 않는 도전을 시도해 보자. 그것만이 입시제도의 불안과 졸업 후 취업에 대한 불안을 줄일 수 있는 유일한 길이다.

도전과 모험 독서에서 배워야 할 것은
그들의 행동이 아니라, 그 속에 담긴 정신이다.

스포츠를 주제로 한 영화를 보고 나면 마음에는 늘 긴 여운이 남는다. 〈록키 시리즈〉, 〈국가대표〉 등등. 아마도 내가 가지고 태어난 역량을 치열하게 사용하고 있는지를 점검케 되기 때문인 듯하다. 어찌보면 우주의 역사는 변화와 창조의 반복인지 모른다. 그 변화와 창조의 주인은 살아남고 그렇지 않은 것은 종속되거나 도태된다. 필자가 우주라는 거창한 개념을 끌어들인 이유는 언제부터인가 우리의 인식 범위가 너무 급격하게 좁아지고 있다는 생각이 들었기 때문이다.

필자는 학부모와 교사를 대상으로 강의를 많이 하는 편인데, 강의에서 소통의 어려움은 크게 세 가지로 나눌 수 있다.

첫째, 교육적 관점에서 학생들을 보려는 데 반해서 수강생들은 이해적 입장에서 바라본다. 이 땅의 모든 학생들이 소중하다. 그들의 에너지가 어떻게 쓰이느냐에 따라서 나의 삶도 달라진다는 것을 알기 때문이다. 마치 깨끗한 공기를 마시기 위해서는 그 공간의 구성원 모두가 같은 인식을 하고 실천을 해야 하는 것과 같은 이치다. 그런데 수강생들은 자기 학교 학생들에게 유리한 것이 무엇인지, 자기가 가르치는 학생들에게 유리한지 불리한지, 자기 자녀에게 이익일지, 손해일지가 관심사다. 나 역시 학부모이자 교사이기에 그들의 심경을 이해하지 못하는 것은 아니다. 그러나 입학사정관제에서는 교육적 관점으로 보고 세상을 넓게 이해하고 그 속에서 자기의 꿈과 비전을 제시하는 학생들이 더 유리하다.

둘째, 스킬보다는 마인드를 더 강조한다. 그런데 수강생들은 마인드는 준비되어 있으니 스킬을 달라고 한다. 빨리 벤치마킹하는 것이 더 유리할 것으로 판단하기 때문이다. 그러나 입학사정관제에서는 눈에 보이지 않는 잠재역량을 평가하는 것이 목적이지, 드러난 스킬 자체를 보고자 하는 것이 아니다. 따라서 정성역량인 마인드를 학습하는 것이 더 급선무이자 유리한 공부다.

셋째, 이상(理想)과 현실(現實) 가운데 이상에 더 무게를 두고 가르친다. 하지만 수강생들은 현실이 변화하지 않는 상태에서 이상은 공염불이라 되받아친다. 맞는 말이다. 그러나 학생이라는 신분과 역할에서 볼 때 이상의 눈을 가진 사람이 훨씬 경쟁력을 갖는다. 이상은 학문의 정체성이기 때문이다. 즉, 더 나아지려는 욕구에서 학문이 출발했기 때문이다.

이 이야기를 하는 이유는, 위에서 든 세 가지가 필자의 근 20년 가까이 도전과 모험을 체험해 온 사례이기 때문이다. 아직도 진행 중이지만 과거에 비해 소통의 거리가 많이 좁혀지고 있다. 이 땅의 아이들에게 도전할 과제를 많이 들려주자. 이 땅의 아이들에게 모험과 호기심을 자극할 만한 이야기를 많이 들려주자. 이 땅의 아이들에게 실패의 역사사례를 많이 들려주자. 그것이 개인과 사회 그리고 5천년 역사의 우리 한민족을 건실하게 이끌어갈 인재를 만들 수 있는 보약이기 때문이다.

체험에 관한 책을 펴기 전에 자신의 모험과 도전정신에 대한 생각을 점검해 보자.

첫째_ 나는 고행을 즐기는가?

둘째_ 나는 새로운 자극을 좋아하는가?

셋째_ 나는 미지의 세계에 호기심이 많은가?

넷째_ 나는 도전에서 얻은 성취의 맛을 아는가?

다섯째_ 나는 이 세상은 공짜가 없다고 생각하는가?

여섯째_ 나는 잔꾀를 부리지 않는가?

일곱째_ 나는 하루하루 새롭게 변화하는가?

여덟째_ 나는 나 자신과의 약속을 반드시 지키는가?

아홉째_ 나는 머리보다 발로 뛰는가?

열째_ 나는 열정이 넘치는가?

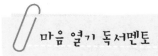
마음 열기 독서멘토

"히말라야에서 죽을 고비를 수없이 넘기고서도 서울에 오면 히말라야의 흰 봉우리가 눈앞에 아른거리니 솔직히 미쳤다고밖에 할 수 없지 않겠어요? 정상에 서 본 사람만이 느낄 수 있는 자연의 경이로움을 잊을 수 없기 때문일 거예요. 아마 나는 전생에 산의 일부였을지도 모른다고 생각합니다. 산을 에워싼 숲이었거나 바위였거나 아니면 돌멩이였을지도 모르지요. 그래서 그렇게 산을 좋아하는지도 모르겠습니다. 산에 가면 마음이 그렇게 편안할 수가 없습니다. 그리고 그곳에서는 항상 새로운 세계에 대한 도전이 있죠. 저는 도전을 '창조'라고 생각합니다. 길을 만들어가는 것과 나 자신의 한계를 극복하고 이겨내는 것."

"왜 무섭지 않겠습니까? 저도 나약한 인간일 뿐입니다. 작은 뒷산에서도 어려움을 느끼고 죽음의 공포를 느끼기도 합니다. 그동안 산에서 8명의 친구들을 잃었습니다. 저도 무수히 죽을 고비를 넘겼죠. 산에 가는 사람들에게 죽음이란 항상 짊어지고 다니는 배낭과 같은 것입니다. 그런데 산에 오를수록 죽음에 대한 생각도 바뀌는 것 같습니다. 동료들의 죽음을 보면서 죽음에 익숙해지는 거죠. 죽음이 항상 곁에 있다고 생각하면 삶과 죽음의 구별이 무의미해져요. 삶에 대한 애착도 사라지고 죽음에 대해서도 초연해집니다. 등반하는 순간에 저는 신에게 간절히 기도합니다. 처음 히말라야를 등반하기 시작했을 때는 그저 올라가고 또 성공하면 그만이라고 생각했죠. 그러나 산에서 여러 가지 사고와 갖가지 어려움을 겪으면서 인간이 자연을 이길 수 없다는 것을 깨달았습니다. 순수하고 겸허한 마음을 갖고 순리에 따를 때만 산은 우리를 받아 줍니다. 인간은 자연 앞에서 언제나 왜소함을 느낄 수밖에 없어요. 자연은 너무 위대하고, 인간은 너무나 작은 존재죠. 그렇기 때문에 자연에 대한 경외심과 겸손함이 필요한 거죠. 저는 산에 오를 때 완전하게 산에 자신을 맡깁니다. 물론 불안감은 스스로 극복해야 하는 것이죠. 대신 산은 제게 많은 것을 줍니다. 도시에서 느끼지 못한 고통과 그것을 극복하는 자신에 대한 믿음, 그리고 삶에 대한 겸손한 성찰의 기회를 주죠."

엄홍길 『8000미터의 희망과 고독』 중에서

"어려움이 닥치고 모든 일이 어긋난다고 느낄 때, 이제 1분도 더 견딜 수 없다는 생각이 들 때, 그래도 포기하지 말라. 바로 그때, 바로 그곳에서 다시 기회가 올 것이기 때문이다."

해리엇 비처 스토 『톰아저씨의 오두막 집』 중에서

책 속 멘토와 대화 나누기 ──────────── *체험*

『지도를 만든 사람들』 발 로스

내용 요약

　'미지의 세계로 가는 길을 그리다.'

　부제를 통해 최초의 지도들이 생겨나게 된 과정을 그려 나가고 있음을 눈치 챌 수 있다. 지도의 탄생 동기를 숨겨진 이야기와 설명으로 책 속에 담고 있는데, 한 가지 분명한 것은 미지의 세계에 대한 호기심이 동력으로 작용한다는 것이다. 그러면서 더 많은 땅을 확보해 힘을 과시하기 위함이었다는 것을 알게 한다. 십자군 전쟁 당시 기독교도 왕이면서도 모슬렘 학자를 지원하며 지도를 제작하게 한 시칠리아의 로제르 왕. 그는 자신의 사고의 폭을 넓히기 위해 세계각지의 수많은 학자들, 모슬렘 교도들과 교류하면서도 지중해 일대 교역권을 장악하기 위해 지도를 만들게 한다.

　15세기 초 중국의 영락제 명령에 의해 인도, 말레이시아 등을 항해하며 서양 보다 앞선 지도를 제작한 정화, 노예무역을 하기 위해 더 많은 지도를 만들어 인권을 유린하고 노동력을 착취하는데 중심역할을 했다는 항해왕 엔리케 왕자의 역사적 사건도 싣고 있다. 바다 속의 지도이야기 또한 새로운 사실의 발견을 담고 있는데, 영국의 챌린저호에 의해 약 11킬로미터에 이르는 깊은 곳에서의 처음으로 밝혀진 생명체의 존재도 지도의 공로다. 그 이후 총 길이 65,000킬로미터의 해저산맥이 지구 전체를 둘러싸고 있음을 발견하게 되어 깊은 어둠에 묻힐 지구 생성의 수수께끼를 밝힌 사건 등 현실에 안주하지 않고 위험을 무릅 쓴 모험의 결과들에 대해 미국인의 입장에서 기술하고 있다.

인상 깊었던 부분과 그 이유

새로운 길을 찾아 개척의 성과를 올리면 '영웅'이 된다. '등기문서 역할을 한 북아메리카 지도' 편의 사카가웨어가 그런 예이다. 15살의 인디언 소녀인 사카가웨어는 디스커버리 탐험대를 도와 북아메리카 대륙의 원주민 삶을 완전히 바꾸어 놓는다. 물론 의도하지 않은 일이라 할지라도 미국인에게 그녀는 동전에 새겨질 만큼의 영웅이다. 그러나 그의 행동은 5천만 이상을 죽음으로 몰고 간 재앙의 시초가 되었음을 인디언 후손들은 어떻게 해석할까? 지금까지 그 사건은 송곳처럼 남아 곡예하듯 아슬아슬한 그들의 삶에 한 겹 더 무겁게 짓누르고 있다. 역사는 돌고 도는 것이라는 하기 좋은 말로 합리화하기엔 미국의 건재는 무궁할 것만 같아 고통의 당사자인 인디언에게 민망하기만 하다. '대지는 어머니, 자연은 형제자매'라는 인디언의 논리를 이해하기엔 개척자들의 역량이 부족했을까 아니면, 모험심과 개척정신은 양심과 공존할 수 없는 독선을 가지고 있을까? 지구마을이라는 화두를 품고 여전히 미지의 세계에 대한 탐험을 진행하고 있는 우리가 이 사실을 정신 차리고 명심해야 한다. 조상에게 회초리를 맞지 않으려면 말이다.

다행스러운 일은 브리티시 컬럼비아 지역 원주민 중 일부가 캐나다 정부를 상대로 조상의 땅을 찾기 위한 소송 진행 중 1996년 땅 12만 제곱킬로미터에 이르는 강 계곡 땅을 되찾았다고 한다. 이 사건을 '델가무우크 판례'로 기억하며 이들은 이제 새로운 개척의 기운을 깨우고 있어 인디언을 생각할 때마다 그들의 역사로 인해 가슴 한쪽에 돌덩이를 얹은 것 같았던 무거움을 덜 수 있을 것 같다.

체험과 관련된 자기 생각 펼치기

문명의 발견은 인간이 노동에서 벗어나기 위해 시작되었으며, 편리의 맛은 더욱 정교한 기술의 발전을 가져왔다는 것을 인정할 수밖에 없는 사실이다. 나는 이러한 편리가 어찌 보면 몸에 덕지덕지 붙은 때가 아닐까 생각할 때가 있다. 기계에 의존 않고 육체의 고통을 감수하며 원시적인 삶을 살아야 한다는 것은 억지라고 할 테지만, 지나치게 편리함에 의존하는 우리의 습성을 보면 점점 기능들이 퇴화하고 있다는 생각이다. 지하철 역에서도 좁디좁은 에스컬레이터는 많은 사람이 이용하면서도 텅텅 빈 넓은 계단으로 오르는 사람은 서너 명이다. 그러면서 헬스클럽을 다니고 에어로빅을 하고, 비만으로 약을 먹고, 운동부족으로 질병 위험에 노출되는 것이 우리들의 모습 아닌가!

『지도를 만든 사람들』의 경우는 종교의 힘이 사회를 짓누르고 있던 힘에 저항해 현실에 안주하지 않고 자신이 확신하는 사실에 대한 혁신적 사고를 떨쳐버리지 않는다. 그들의 행동은 더 나은 삶의 비전을 찾아 도전하는 주도적 태도를 가지고 있다. 미지의 세계, 즉 앎의 범주를 제한하지 않고 알지 못하는 그 자체를 증명하는 결코 쉽지 않은 도전이다. 결국 그들은 미지의 세계를 현실의 세계로 펼쳐 보였고 신세계를 창조해 보였던 것이다.

그러나 이러한 그들의 성과는 인정해야 하지만 좇아야 할 모범이라 하기에는 짚고 넘어가야 할 것들이 있다. 개척, 혁신의 동기와 방법은 우리가 새롭게 풀어가야 할 몫이어야 한다. 콜럼버스는 아메리카 대륙을 탐험해 미국을 창조하게 했지만 인디언의 세계관과 문화, 그리고 그들의 삶을 소멸시켰다. 엔히크의 대륙탐험은 포루투갈의 영광을 드높였으나 '노예무역의 아버지'라는 씻을 수 없는 잔인한 오명으로 전락하는 외눈박이 혁신일 뿐이다. 다만 당시 역사적 사회적 흐름이 그러할 수밖에 없었다. 그 시대는 생존을 위해 뺏어야 했을 테니까. 하지만 지금은 다르다. 자기 중심적 혁신, 자기 중심적 도전은 불행을 재생시킬 수 있다는 이치를 바로 보아야 한다. 요즘도 자기 학문, 자신의 기술 등에 도취되어 타인의 것들은 배척하는 모습이 여전하다.

시대는 변한다. 과거가 가진 부작용이나 한계를 보완하려는 움직임이 변화를 유도한다. 그래서 자신의 문제를 감지하는 민감한 사람일수록 개혁적인 성향을 갖기 마련이다. 탐험가들 역시 현실의 불만족이 새로운 창조의 세계를 열었듯이 현실의 문제를 해결하고자 하는 도전과 모험은 21세기가 가진 해답 '더불어 사는 지구마을'을 창조할 것이다.

탐험가, 도전자들의 땀은 값지다. 현실의 문제를 해결하고자 하는 올곧은 의지이기 때문이다. 그 혁신이 과거처럼 '내 나라 내 민족'이

라는 좁은 영역에 머물지 않고 '지구촌 모두' 라는 넓은 영역이라는
전제 안에서 말이다.

내가 읽은 체험 독서

주요내용:

인상 깊은 부분과 이유:

나의 체험활동과 관련해 더 관심 갖게 된 분야(부분):

독서멘토링 3단계 체험 교감하기

생각을 온몸으로 체감하기 ---------------------------------●

체험 교감

🖐 나의 도전 사례 및 계획서 작성하기

🖐 나의 실전경험 사례 및 계획서 작성하기

🖐 나의 역경 사례 및 극복방법 작성하기

자기비전 디자인하기

나의 체험활동과 관련해 독서 포트폴리오 만들기

독서 포트폴리오

☺ 이 책을 읽게 된 동기, 계기를 나의 체험활동과 관련해 적어 보자.

☺ 이 책의 줄거리를 간략하게 소개하고, 특히 인상 깊었던 부분과 이유를 나의 체험활동과 관련지어 정리해 보자.

☺ 이 책을 접하기 전과 후의 변화과정을 나의 체험활동과 관련지어 정리해 보자.

☺ 이 책에 대한 평가와 이 책을 통해 더 관심 갖게 된 분야, 그리고 더 읽어 보고 싶은 책을 나의 체험활동과 관련지어 정리해 보자.

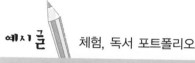

예시글 체험, 독서 포트폴리오

『갈릴레이』 로빈 S. 독

동기

세계사 공부를 하다 보면 중세 사회에서 일어난 사건들에 대해 암담한 느낌을 받는다. 지금도 종교인들이 정치나 사회 현실에 대해 언급하면 파급력이 크지만 이성과 냉정한 판단에 의해 참여한다. 그러나 중세 시기는 대부분 권력과 연관되어 무작위적인 폭력을 일삼기도했다. 그 사이에서 희생된 위대한 인물도 많지만 그 중 갈릴레이는특이한 이력의 소유자이다. 과학자로서 종교의 힘에 저항해 오류를바로잡아 나간다. 서구 유럽인들은 기독교적인 믿음을 길잡이로 삼았지만, 그는 과학이라는 전통을 고집했던 것이다. 그래서 갈릴레이가 처한 현실과 그것을 극복하기 위해 어떤 도전을 감수했는지를 확인하는 차원에서 다시 한 번 이 영웅의 일대기를 살펴보기로 했다.

줄거리

근대 과학의 아버지라고 불리는 갈릴레이는 르네상스 시대에 태어났고 과학혁명에 큰 영향을 주었다. 르네상스 시대는 교회와 성서에서 벗어나려는 노력을 했고 과학혁명도 같은 목적이었다. 갈릴레이는 많은 실험과 관찰을 통해 과학혁명 중에서 역학에 대해 완성했으며, 천문학에도 큰 공헌을 세웠다.

먼저, 갈릴레이는 아리스토텔레스 운동 이론의 오류를 밝혀 냈다. 아리스토텔레스는 물체의 무게가 무거울수록 더 빨리 떨어진다고 했지만 갈릴레이는 실험을 통해 이것이 잘못되었음을 밝혀 냈다. 또한 아리스토텔레스는 땅에서 물체는 직선 운동을 한다고 했지만 갈릴레이는 역시 실험을 통해 포물선을 그리며 떨어진다는 것을 보여주었다.

이렇게 갈릴레이는 이론으로만 있던 것들을 실험으로 증명함으로써 과학을 확실히 다졌고 갈릴레이의 연구는 중력 법칙의 토대가 되었으며 뉴턴이 고전 물리학을 완성할 수 있었던 뿌리가 되었다. 때문에 갈릴레이가 물리학의 진정한 시작이라고 하는 것이다.

그리고 갈릴레이는 망원경을 발명해 하늘을 관측해 새로운 천체와 이들의 움직임에 관한 많은 사실을 발견했으며, 목성의 위성도 발견했다. 또한 태양에 대해서도 관찰해 지구가 태양을 중심으로 돈다는 코페르니쿠스의 지동설을 지지했다. 이는 교회의 지구 중심설과 반대되는 것이었기 때문에 핍박을 받았다.

르네상스 시대 혁명의 선구자들은 대부분 핍박을 받았고 갈릴레이도 예외는 아니었다. 지동설 때문에 교회와 갈등을 빚은 갈릴레이는 결국 갇혀 지내다가 죽었다. 하지만 갈릴레이는 성서와 아리스토텔레스의 확신 없는 이론을 버리고 싶어 하지 않는 사람들을 깨우치려고 했고 그의 노력은 과학의 발전에 큰 영향을 주었다. 그렇기에 그를 근대 과학의 아버지라고 부른다.

인상 깊었던 부분과 그 이유

『갈릴레이』이 외에도 『2500년 과학사를 움직인 위인들』등의 책을 통해 그의 일생을 따라가 본 결과 갈릴레이는 종교에 대해 타협과 저항의 중간지점에서 끊임없이 자신의 연구결과에 대한 견해를 밝히고 있다는 점이 인상 깊다. 대부분의 사람들은 올곧은 신념으로 죽음을 무릅쓰고 저항하지만 갈릴레이는 그렇지 않다. 전통과학 옹호는 당시 교회의 권위에 도전하는 위험한 일이었으나 코페르니쿠스주의를 옹호한다는 결론을 배제하는 조건으로 책 출간을 허락받는다. 이를 이용해 그는 『두 가지 주요 세계체계에 관한 대화: 프톨레마이오스와 코페르니쿠스의 체계에 대해』를 출간한다. 자신의 연구분야를 공론화시켜 지식인들로 하여금 토론을 통해 진실을 판단하게 한 것이다. 친구인 교황은 갈릴레이에게 구금을 명령하고 그는 순응한다. 고해자의 옷을 입고 코페르니쿠스 주의에 대해 공개적으로 부정해야 하는 벌을 받았고 갈릴레이 책은 금서가 된다. 그럼에도 그는 정신적 시련에서 빠른 회복세를 보이고 또 다른 연구를 수행, 70세라는 나이에도 '두 가지 새로운 과학에 관한 논의와 수학적 증명'으로 기술공학과 순수 수리 물리학을 다룬 책을 펴낸다. 이것 아니면 저것이라는 이분법 논리만이 정해진 길이라는 기존의 생각을 갈릴레이는 거부하고 신념을 가지고 원칙과 융통성을 적절하게 활용한 용기 있는 도전이었다.

이 책을 읽고 변화된 생각

'그래도 지구는 돈다.'는 명언을 남겼다는 갈릴레오 갈릴레이. 물론 이 말은 사실이 아닌 것으로 판명이 되었지만 갈릴레오식 삶의 방식을 적절하게 압축한 말이라고 생각한다. 자신이 오랫동안 믿어 왔던 사실이 잘못된 것임을 인정하기 쉽지 않다. 그렇다고 잘못을 인정하게 하기 위해 죽음을 무릅쓴다는 것은 진리를 알고 있는 사람의 행동으로서 적절치 않다는 생각을 하게 되었다. 과거 독립운동을 하던 사람들은 신념을 위해 목숨을 바치고 영웅으로 인정받았지만, 살아남은 사람들은 기회주의자나 변절자로 손가락질 받거나 살아남은 것을 부끄러운 치부로 여기는 경우가 많았다. 하지만 혁신은 녹록하지만은 않다는 사실을 안다면, 물러설 때와 나설 때를 조율할 줄 아는 것도 용기 있는 행동임을 갈릴레이를 통해 알게 되었다.

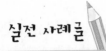

실전 사례글

『경제학 프레임』 이근우

입학사정관 전형 – 경영학부 지원자 –

이 책은 한마디로 표현하자면, 경제학자의 눈으로 바라본 세상이다. 현 사회의 경제는 물론이고 정치, 사회, 문화현상까지도 경제이론을 통해 설명한다. 눈에 보이지는 않지만 이 세상 곳곳에 깊숙이 작용하고 있는 경제 원리를 살펴보고 이 경제 원리들이 어떻게 세상을 움직이고 있는지 보여준다. 이를 통해서 이 책은 세상을 바라보는 좀 더 합리적이고 체계적인 통찰력을 보여주고 있다.

이 책은 우리 사회의 다양한 분야들을 경제학의 관점에서 바라보고 있다. 그 중에서도 나는 우리나라의 사교육 열풍과 소득에 따라 교육 수준의 차이가 나는 현상에 대해 분석한 부분이 기억에 남는다. 이 책에서는 우리나라에서 발생하고 있는 사교육열풍의 원인을 경제학적 관점에서 찾는다. 아이러니하게도 이러한 경쟁적인 사교육열풍은 경쟁을 제한하는 교육 평준화 정책에서 찾고 있다. 이 책은 기본적으로 교육을 하나의 상품으로 바라본다. 또한 교육 평준화 정책이 공교육에서의 경쟁을 제한하고 소비자의 선택권을 줄였다고 말한다. 이는 자연히 교육 서비스질의 하락으로 이어지고, 소비자들은 경쟁이 치열한 사교육 시장에서 더 높은 질의 교육을 찾는다는 것이다. 이러한 분석을 보고 나는 정말 놀라지 않을 수가 없었다. 우리 사회에서 전혀 어울릴 것 같지 않은 교육의 문제를 경제적인 시각으로 바라보고 그 원인을 찾을 수 있다는 것이 놀라웠다. 이는 내게 충격적으로 다가왔다. 세상을 바라보는 데 있어서 틀에 박힌 사고방식이 아니라, 다각적인 시각으로 바라볼 필요가 있다는 것을 절실히 느끼고 체험할 수 있었다.

내가 이 책을 읽으면서 내내 느꼈던 것은 신선함이었다. 이 책에서는 우리가 흔히 생각할 수 있는 사회현상들을 소개하지만 그 원인과 해결책에 대한 견해는 사뭇 다르다. 우리가 일반적으로 생각하는 것처럼 표면적인 원인을 찾는 것이 아니라, 조금 다른 시선에서, 경제학적 시각에서 바라보며 우리의 통념을 깨뜨리고 현상의 원인과 해결책을 찾는다. 정치권력의 부패와 학력위조현상을 대리인 문제로 풀어 내는가 하면, 그에 대한 해결책으로 경제적 요인을 말한다. 아프리카에서 에이즈가 만연하고 있는 이유를 아프리카 지역의 의료시설의 낙후와 아프리카인들의 무지가 아닌, 미래 효용을 생각하는 합리적인 생각의 결과로 바라본다. 또 FTA 등 국제 협상을 게임이론을 통해서 분석한다. 이러한 내용들을 읽으면 나는 '이 세상을 이러한 시각으로 바라볼 수도 있구나.' 라는 생각을 하게 되었다. 또한 다른 시각에서 바라보는 것이 오히려 더 획기적이고 창의적인 해결책이 될 수도 있겠다는 생각을 했다.

경제라는 분야는 현대사회에서 가장 큰 영향력을 발휘하고 있는 부분 중 하나이다. 이러한 경제학적 시선을 가지고 세상을 좀 더 합리적이고 체계적으로 바라본다면 현재 우리가 가지고 있는 많은 문제들을 해결할 수도 있겠다는 생각을 했다. 또한 나 자신도 세상을 바라보면서 좀 더 다각적인 시선을 가지고 창의적이고 합리적인 생각을 해야겠다는 것을 느꼈다.

『네가 있어 행복했어』 지니 로비

– 입학사정관제 멘토링 지도사 –

장애우 봉사에 대한 새로운 비전을 가지고, 시각장애인 봉사활동을 할 때였다. 환경봉사 대사로 임명되어 생물자원보존 체험활동과 관련해 책을 찾던 중 읽게 된 책으로 장애우 보호와 동물보호라는 시각을 갖게 해 준 책이다. 또한 청각장애를 안고 살아가는 소년이 느끼는 외로움과 아픔, 인간을 위해서라는 이유로 학대받는 침팬지의 비극적인 삶과 서로에게 위안과 힘이 되는 인간과 동물의 관계를 감동적으로 보여준 책이다.

저자는 승무원으로 동물의 권리를 주장하는 책을 썼으며, 루시라는 침팬지이야기에서 영감을 받아 집필했다고 한다. 침팬지는 사람처럼 길러져 수화를 통해 자기감정과 기쁨, 슬픔을 표현한다. 아기 침팬지일 때는 광고나 영화 등에 출연하지만, 몸집이 커지면서 필요 없는 존재가 되어 버려지고 만다. 이 책은 사람 유전자와 98.4%나 일치하는 침팬지가 청각장애인 조이를 만나게 되면서 전개되는 이야기이다. 엄마 때문에 수화를 배우지 못해 대화에서 소외되었던 조이의 삶이 침팬지 수카리를 만나면서 달라진다. 수화를 배워 찰리 할아버지와 수카리랑 마음을 나누면서 조이는 전에 느껴보지 못했던 기쁨과 행복을 느낀다. 할아버지의 죽음으로 실험실에 보내지게 된 수카리를 소녀 조이가 극적으로 구하게 된다는 감동의 스토리이다.

"네가 한 일 너는 절대 할 수 없었을 거야. 넌 정말 강해, 계속 강한 사람이 되렴!"

나약한 청각장애인인 조이가 친구 수카리를 구하기 위해 용기를 내어 멀리 플로리다까지 여행을 떠나 마침내 성공했을 때, 생명이 위급한 상황에서 구해진 침팬지가 조이에게 한 말이다. 자녀를 키울 때 힘들고 어려운 상황에 자녀가 노출되는 것을 모든 부모들은 두려워한다. 하지만 이 책을 통해 우리 자녀들에게 다양한 체험 활동을 통해 더 강하고 무엇이든지 꿈꾸고 노력하면 이룰 수 있다는 "Can-do-Spirit"을 심어 줄 수 있을 것 같다.

이 책을 읽고 자녀 교육관이 바뀌었다. 공부 위주로 성공한 엘리트의 삶도 좋지만, 다양한 체험활동을 통해 성공과 실패를 경험하며, 자신의 적성을 발견하고 꿈을 실현해 나가는 과정이 중요함을 일깨워 주려 애쓴다. 아울러 딸들에게 자신의 인생을 개척해 나갈 수 있도록 다양한 체험을 하도록 권장한다. 둘째 딸은 경영학도를 꿈꾸면서 연극부 활동에 2년간 몰두했었다. 그래서 시간을 허비하는 것처럼 보여 나는 듣기 싫은 잔소리를 했었다. 그런데 이제는 연극부 체험활동을 통해 리더십, 책임감 등 많은 성장을 이룬 딸에게 적극적으로 다양한 다른 체험을 하도록 권하기까지 한다. 나 또한 다양한 체험을 통해 제2의 인생에서 현재까지 감히 시도해 보지 못했던 분야를 공부하게 되었고, 꿈을 향해 도전하고자 할 용기를 얻었다.

우리 주위에는 청소년들이 다양한 체험활동을 하고 있지만, 대부분 스펙 관리를 위한 입시 위주의 활동인 것이 아쉬웠다. 이 책은 청각장애인과 침팬지와의 교감을 다룬 휴먼드라마로서 깊은 감동과 체험활동에 대한 새로운 시각과 방향을 제시해 준다. 단, 아쉬운 것은 침팬지와 함께 하는 모습이 담긴 생생한 사진이 없어서, 우리의 상상력에만 의존하는 것이 한계인 것 같다. 이외에 'DMZ 생태 띠 잇기'도 차별화되는 체험으로 추천한다.

더 읽어 볼 책

도서명	저자
사막의 꽃	와리스 디리
의학사를 이끈 20인의 실험과 도전	크리스티안 베이마이어
가슴 뛰는 삶의 이력서로 다시 써라	요안나 슈테판스카, 볼프강 하펜마이어 공저
더 큰 나를 위해 나를 버리다	박지성
과학 교과서, 영화에 딴지 걸다	이재진

IDEA

아이디어,
독서 포트폴리오

**창의력은 새로운 것을 만들어 내는 능력이 아니라,
그 시대에 꼭 필요한 것을 딱 맞게 재구성하는 능력이다.**

21세기는 아이디어가 힘이다. 쏟아지는 지식과 정보를 주도적으로 이해하고 창의적으로 사용하는 역량이 필요한 시대다. 특목고의 자기주도학습전형과 각 대학들의 입학사정관제전형 자료에서 공통적으로 가장 많이 눈에 띄는 단어가 바로 '창의역량' 이다. 즉, 창의능력을 비중 있게 평가하겠다는 메시지다. 그런데 창의력에 대한 개념은 아직도 합의되지 않은 듯하다.

중학교 1학년 자녀를 둔 학부모가 상담을 요청했다.

학부모 저희 아이는 미술, 건축, 요리에 관심이 많습니다. 현재 가장 원하는 진로는 미술 쪽입니다. 그런데 홍익대학교 미대를 생각하고 있었는데 학교 발표에 의하면 미술 실기를 보지 않는다고 들었는데 아무리 생각해도 이해가 되지 않아서요.

필자 그러실 것입니다. 기존의 정량적 사고에서 보면 도저히 감을 잡을 수 없을 거예요.

학부모 정량적 사고라는 것이 뭐예요?

필자 어떤 현상이든 이성에 기초해 결과를 도출하고 산술적으로 계량화해 그 드러난 것을 실체라고 신뢰하는 생각의 틀을 말합니다. 기존의 평가에서 주로 사용했던 방식입니다. 사람의 능력을 객관적으로 공정하게 평가할 수 있다는 장점이 있지요.

학부모 그런데 무엇이 문제가 되는 거죠?

필자 아무리 좋은 것이라도 오래 사용하다 보면 노후가 되는 법입니다. 세상은 항상 새로운 것을 원합니다. 인재의 기준도 마찬가지죠. 기존의 개발도상국에서는 모방이 능력의 기준이었습니다. 선진국의 양식을 빨리 수용하는 것이 생존에 유리하기 때문입니다. 모방을 잘하려면 정량화가 필수조건입니다. 그 모방대상의 프로세스를 인과적으로 파악한 후 다시 매뉴얼화 (계량화)해야 그 대상을 복제할 수 있기 때문입니다.

학부모 상당히 어렵네요.

필자 제가 드리고 싶은 이야기는 홍익대학교 미술대학에서 실기평가를 배제하겠다는 이유는 기존의 정량평가는 모방중심 스킬 중심으로 치우쳐 있어서 시대가 요구하는 예술적 감수성과 창의성을 반영할 수 없다고 판단했기 때문입니다.

학부모 그럼 도대체 무엇을 가지고 평가하겠다는 거죠?

필자 조금 전 학생의 경우 미술, 건축, 음식에 관심이 있다고 했죠?

정량적 사고로 보면 이 세 가지는 전혀 별개의 영역일 것입니다. 드러난 결과만을 인식하기 때문입니다. 그러나 눈에 보이지 않은 잠재역량이라는 관점에서 보면 이 세 가지는 미적 감수성이라는 공통의 영역이 존재합니다. 그 영역을 키우기 위해 노력한 과정을 평가하겠다는 것입니다.

학부모 미술과 건축은 그래도 미적 감수성이라는 유사성을 발견할 수 있지만 음식은 어떻게…….

필자 아마 제가 학생과 만나보지 않아서 정확하지는 않지만, 학생이 음식에 관심이 있다고 한 것은 식품영양학적 관점이라기보다는 예술적 관점일 가능성이 큽니다. 맛과 영양보다는 눈으로 보기 좋은 음식에 관심이 있다는 이야기죠.

학부모 어떻게 아셨어요? 저희 아이는 어릴 때부터 편식의 기준이 모양이나 색깔이었거든요. 그러면 구체적으로 미적 감수성은 어떻게 키우죠?

필자 요리하기를 좋아하면 다양한 메뉴를 만들어 가면서 미적 감각을 키우고 그것을 포트폴리오하는 것도 한 방법이 되겠지요. 건축에도 호기심이 있으니 감상을 하거나 조립을 하면서 감각을 키우고 그것을 포트폴리오할 수도 있지요.

학부모 아! 그렇군요. 이제 조금 이해가 갑니다.

창의력의 전제는 주도성이다. 자발적 동기와 스스로 사물을 관찰하는 눈이 없으면 새로운 것을 만들어 낼 수 없기 때문이다. 사실 창의력은 새로운 것을 만들어 내는 능력이 아니라 그 시대에, 그곳에서,

그 시간에, 그 구성원들이 꼭 필요한 것을 딱 맞게 재구성하는 능력이다. 그렇다면 기존의 기계적 교육과 기계적인 정량평가는 창의역량과는 거리가 멀다는 결론이 난다.

최근에 만난 한 IT회사 CEO는 사람을 채용할 때 이력서 대신 포트폴리오를 제출하게 하고 그것을 토대로 면접을 평가한단다. 포트폴리오를 통해서 입사한 사람 중에 고등학교 중퇴자가 대졸자와 대학원 석사를 제치고 합격한 사람도 있다. 그는 학위를 받기 위해 공부하는 대신 자기가 원하는 정보 마이스터가 되기 위한 공부를 스스로 찾아서 했다고 한다. 현재 업무능력도 학위를 가진 사람보다 항상 새로운 아이디어를 더 많이 제안해서 그를 채용한 것이 탁월한 선택이라고 했다. 기존처럼 정량화한 이력서를 요구했다면, 아마도 그는 입사의 기회조차 갖지 못했을 것이다.

참신한 아이디어는 본질을 들여다보려는 호기심에서 나온다. 기존의 공부습관을 냉철하게 돌아볼 시점이다. 현재의 우리 교육은 학년이 올라갈수록 호기심을 감퇴시키는 구조이기 때문이다. 현명한 교사와 학부모 그리고 학생은 잘못된 환경을 탓하는데 귀중한 시간을 허비하지 않는다. 그 시간과 에너지를 더 좋은 환경을 만드는데 사용하는 것이 이익이라는 것을 잘 알고 있기 때문이다.

좋은 아이디어는 다양성이라는 엑스축과
일관성이라는 와이축이 만나는 균형점에서 나온다.

  독서활동의 중요한 기능 가운데 하나는 온고지신(溫故知新)이다. 옛 사람들의 정보와 지식을 따뜻하게 품어 오늘날 필요한 것을 창출한다는 뜻이다. 그런데 요즘 독서는 가슴으로 따뜻하게 품고 있을 시간적 여유가 없다. 독서도 인스턴트시대다. 독서전문지도사의 스케줄에 따라서 책 선정부터 정리에 이르기까지 매뉴얼에 맞추어 아주 정교하게 서비스받을 수 있으니 말이다. 필자가 쓰고 있는 이 책 역시 그런 종류의 하나일지 모른다.

  가끔은 발상의 전환이 필요하다. 출근할 때 늘 다니던 길에서 벗어나 다른 길로 가보자. 지하철로만 다녔다면 버스나 택시도 이용해 보자. 주로 오른손으로 가방을 들고 다녔던 사람은 왼손으로도 들어 보자. 한식을 좋아하는 사람은 양식도 먹어 보자. 공부 잘하는 사람을 좋아하던 사람은 공부 못 하는 사람도 좋아해 보자. 신앙심이 깊은 사람은 종교 없는 사람과 다른 종교를 가진 사람도 품어 보자. 주택에서만 살아본 사람은 아파트에서도 살아 보자. 일에만 빠진 사람은 하루쯤 한량들의 생활을 즐겨 보자. 개근상을 줄곧 받아 온 사람은 한번쯤 고의적으로 결석도 해 보자.

  호감과 비호감을 자유롭게 넘나드는 가운데 자신의 창발적 능력이 길러지기 때문이다. 아이디어 독서활동도 마찬가지다. 좋아하는 책과 좋아하지 않은 책을 넘나들 수 있어야 한다. 플라톤의 생각이 있는가 하면, 아리스토텔레스의 생각도 있다. 고흐의 생각이 있는가 하면, 고갱의 생각도 있다. 뉴턴의 생각이 있는가 하면, 아인슈타인의 생각도 있다. 미국의 생각이 있는가 하면, 중국의 생각도 있다. 원주민들의 생각이 있는가 하면, 문명인들의 생각도 있다. 좋은 아이디어는 다양성이라는 엑스축과 일관성이라는 와이축이 만나는 균형점에서 나오기 때문이다.

아이디어 독서에 앞서서 스스로 자신의 아이디어역량을 점검해 보자.

첫째_ 나는 내 안에 나만의 잠재능력이 있다고 믿는가?

둘째_ 나는 다른 사람의 의견은 존중하지만 내 생각을 더 존중하는가?

셋째_ 나는 다른 사람들이 만들어 놓은 사회적 가치서열을 추구하기보다는 내가 스스로 원하는 가치를 선택하는가?

넷째_ 나는 지식과 정보를 신뢰하기보다는 나의 경험과 실체를 더 신뢰하는가?

다섯째_ 나는 남들이 가지 않은 길을 더 선호하는가?

여섯째_ 나는 마니아 기질이 있는가?

일곱째_ 나는 기획력이 탁월한가?

여덟째_ 나는 사물을 다차원적으로 관찰하는 습관이 있는가?

아홉째_ 나는 나만의 끼를 다른 사람들에게 보여주고 싶은가?

열째_ 나는 다른 사람들이 흘려버린 것 속에서 새로운 것을 찾아내
　　　는 능력이 있는가?

마음 열기 독서멘토

"에이, 다 미신이지 뭐, 솔직히 인형을 찌른다고 사람이 진짜 아파진다는 게 말이나
되냐? 요즘같이 첨단을 걷는 시대에…."
"하긴 네 말이 맞다 고도의 과학기술을 활용하면 또 모를까. 음, 예를 들면 바이오
뇌 공학과랑 기계 공학과랑 합작해서 온몸에 센서가 부착된 인형을 만드는 거야. 그
센서가 진짜 사람 뇌랑 무선으로 연결되어 있다면 인형이 자극을 받아 센서가 작동하
면 실제로 사람의 몸에 통증을 유발하게 만드는 거지."
"오, 괜찮은 아이디어!"
"아예 자기 몸에 연결된 인형을 만드는 건 어때? 자기가 자기의 저주 인형을 가지고
있으면서 인형의 등을 두드리면 자기 등을 두드리는 효과가 있을 거 아니야."
"오호, 다리를 안마하고 싶으면 인형의 다리를 주무르고."
순간 둘 사이에 침묵이 흘렀다. 잠시 후 두 친구의 시선이 허공에서 부딪혔다.
"좋았어! 바로 그거야."

김현화 외 「엉뚱한 발명 연구소」 중에서

책 속 멘토와 대화 나누기 -------- 아이디어

『디지로그』 이어령

내용요약과 느낀 점

작가는 극작가이면서 국문학자다. 언론인이기도 하면서 행사 기획자(88올림픽)자다. 더 있다. 일본 문화 연구자, 문화부장관이기도 했다. 다양한 이력에서 얻은 수많은 재료로 쓰인 글이어서 누구나 읽어도 공감할 수 있다. 책 제목『디지로그』도 본인이 만든 언어다. 나는 책을 읽으면서 내내 한국인임이 자랑스러워 심장이 뜨거워지는 경험을 했다. 그리고 흔하게 만나는 사소하고 일상적인 것들에 의미를 부여한 그의 발상을 만날 때마다 신명이 났다.

한국, 한국인의 문화가 아날로그와 디지털을 절묘하게 조합했음을 하나하나 증명하며 해석하고 있다. 시루떡을 돌리는 행위는 전달자와 받는 자 모두 정보를 공감하기 때문에 일방적 스팸 같은 서양의 그것과 근본적으로 다르다는 것, 그래서 우리의 정보기술은 인간을 평화롭고 따뜻하게 소통하는 기술이란다. 시위 때는 화염병이 난무하면서도, 88 올림픽 때는 거리와 광장을 점령한 열광적인 시민의 응원후 사고 없이 되찾는 평온한 일상에서 보이는 균형감각을 칭찬한다. 음소 'ㅏ' 하나가 동서남북 네 방향에 따라 다른 음을 표기할 수 있는 한글의 효용성은 간편함을 지향하는 디지털 기술을 예견한 세종대왕의 혜안이며, 조화와 융합의 패러다임을 우리 전통음식 김치가 대표하고 있다는 견해 등을 피력하며 사소한 일상의 잔가지들에게 무궁무진한 가치들을 부여한 그 기발한 아이디어에 손뼉이 저절로 나는 책이다.

인상 깊었던 부분과 그 이유

고속성장 속에 숨겨진 부작용을 산업사회의 폐단이라고 우리는 말한다. 작가는 시속 172킬로로 스릴을 느끼며 급직진과 급추락, 고속활강의 롤러코스터 속성을 우리 사회와 견주고 있다. '절규머신' 이라는 우스개 표현으로 대통령의 상승과 추락, 기업의 상승과 추락, 네티즌에 의해 상승과 추락의 길을 걷는 영웅의 사례 등을 들고 있다. 최고 지도자의 추락은 국가를 혼란에 몰아넣는 사례가 빈번하지만, 유독 우리나라는 롤러코스터처럼 무한질주 후 종착역에 착지하는 롤러코스터처럼 좌우 균형감각을 가진다는 것이다. 정치인들의 모습에서 보이듯이 양극단으로 치닫는 것 같지만 종래에는 자기 몸보다 몇배 큰 물지게를 지던 지게문화 유전자가 완충역할을 한다는 것이다. 작가의 이러한 해석은 외나무다리를 걷는 것처럼 아슬아슬한 마음을 안정시킨다. 비난과 야유로 상대의 흉허물을 소나기처럼 퍼붓는 한켠의 우리 모습을 이렇게 포용의 눈으로 다독이니 부끄럽기도 하고 정화되는 것 같기도 하다.

작가는 항상 같은 모습을 다른 각도로 해석한다. 『디지로그』라는 제목도 작가의 창작이다. 애매모호 하지만 연속적인 정감의 아날로그와 정확하지만 연속적이지 않은 덜 인간적인 디지털을 융합한 말이다. 사실 요즘 코드가 그렇다. 있는 재료를 이용해 새로운 무엇을 만들어 내는 것을 요긴하게 여기는 것에서 알 수 있듯이 이것 아니면 저것인 이분법 논리보다, 이것도 저것도 모두 한군데 모아 그 쓰임을 이어가는 것이 정보(情報)인 것이다. 여기서 정은 情이 아니던가. 사람과 사람, 사람과 자연, 그 무엇과 무엇이 통해 친근함을 유지하며 정을 나누는 것이 정보인데, 정보시대에서 작가의 멋들어진 해석은 깜냥에 아무도 토를 달 여지가 없을 것이다. 이것이 창의적 발상이다.

아이디어와 관련해 자기 생각 펼치기

성서에 '해 아래 새것이 없다.'는 글귀가 있다. 신이 아닌 다음에야 사람은 있는 것 안에서 꼬물꼬물 새것을 만들어 쓸 뿐, 없는 것을 있게 할 수 없다는 말일 것이다. 세상에 수없이 많은 물건이 있는데 아직도 수많은 사람들이 결핍을 가지고 더 만들어 내고 찾아내려는 것은 인간이 가진 호기심이며, 그것이 창의력이라고 할 수 있다. 그래서 끊임없이 변화하고 진화하면서 새로운 가치를 가진 학문이 탐구되고 진리 역시 생성·발전·소멸의 과정을 거치는 것이다. 그렇다면 누군들 창의적 발상에서 예외가 될 수는 없을 것이지만 게으른 것으로만 만족하려는 사람들이 너무 많기에 이 시대가 창의를 외칠 수밖에 없다.

사람은 꿈을 갖는다. 꿈을 갖는다 함은 현실에서 부족을 느껴 그것을 실현하기 위해 이상향으로 삼는 것이다. 그렇다면 직업을 가지고 그것을 완성하기 위해서 꾸준한 방법을 모색하고 실험하며 보완해

가야만 한다. 그 과정에서 생성되는 아이디어가 창의성의 발현이며, 꿈을 이루는 재료가 된다. 특히 요즘처럼 생성과 소멸이 소위 롤러코스터처럼 변화무쌍한 시대임에랴. 얼마나 종종걸음을 치며 나 자신을 채근해야 할지는 묻지 않아도 답이 뻔하다. 내가 원하는 것을 만들어 내는 힘. 그래서 내 전공분야를 시대의 변화에 능동적으로 대처하게 하며, 직업인으로서 사회에 기여하고, 꿈을 실현해 자아 완성의 단계를 거치게 하는 것이 창의적 발상이며 행위인 것이다.

『발명 마니아』 책에는 모기나 빈대, 벼룩, 이, 진드기 등과 반딧불을 교배해 쉽게 잡을 수 있게 하면 어떻겠느냐는 아이디어를 낸다. 또 이것들을 장수풍뎅이와 같은 거대한 벌레와 교배할 때 카펫 틈에 잠복하는 일이 없어 얼마나 좋겠느냐는 거다. '별꼴' 일 수도 있는 이 아이디어가 실현된다면 얼마나 근사한 창의적 발상이 될까? 교통사고를 낸 피의자에게 자신 때문에 사망한 여자의 사진을 가슴에 품고 다니라는 판결이 화제가 된 적이 있다. 반성과 후회 그리고 미안함을 스스로 깨닫게 하려는 의도였을 것이다. 범죄자에게 인문학 강의를 듣게 한 결과 재범률이 낮아졌다고 한다. 자신의 사고를 스스로 한계 짓지 않고 넓게 열어 놓는다면, 이것은 옳고 저것은 그르다는 편 가르기에서 놓여난다면, 새로운 많은 것을 볼 수 있을 것이다. 우리의 생각은 늘 안주하려 하고 세상은 늘 변하니 말이다.

내가 읽은 아이디어 독서

주요내용:

인상 깊은 부분과 이유:

나의 아이디어활동과 관련해 더 관심 갖게 된 분야(부분):

생각을 온몸으로 체감하기

체험 교감

☺ 나만의 아이디어활동 소개하기

창작시기:
_____

작품명:
_____

참여동기:
_____

창작의도:
_____

창작물의 특징:
_____

심사기준:
_____

창작후기:
_____

☺ 나만의 아이디어 노트 작성하기

동기(계기):
_____

내용(특징):
_____

실현 가능성 검토:
_____

사회 기여도 검토:
_____

독서멘토링 **4**단계 포트폴리오 창조하기

자기비전 디자인하기

나의 아이디어활동과 관련해 독서 포트폴리오 만들기

독서 포트폴리오

☺ 이 책을 읽게 된 동기, 계기를 나의 아이디어활동과 관련해 적어 보자.

☺ 이 책의 줄거리를 간략하게 소개하고, 특히 인상 깊었던 부분과 이유를
나의 아이디어활동과 관련지어 정리해 보자.

☺ 이 책을 접하기 전과 후의 변화과정을 나의 아이디어활동과 관련지어
정리해 보자.

☺ 이 책에 대한 평가와 이 책을 통해 더 관심 갖게 된 분야, 그리고 더 읽
어 보고 싶은 책을 나의 아이디어활동과 관련지어 정리해 보자.

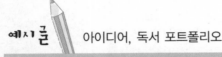

『창의력으로 자신을 차별화하라』 존 어데어

동기

창의력이라는 말은 참 많이 듣는다. 엉뚱한 생각, 남들과 다른 생각이라고 하는데 너무 애매한 뜻인 것 같다. 어느 학습지 광고에서 창의력을 키울 수 있다고 해서 초등학교 때 그 학습지를 열심히 공부한적이 있다. 하지만 창의력이 무엇인지 결정할 성질의 것은 아니어서 의문을 가진 채 넘겼던 기억이 지금도 있다. 그래서 이번 기회에 정확한 뜻과 어떻게 하면 창의력을 키울 수 있을지 이 책을 통해 도전해보기로 했다.

줄거리

이 책의 목적은 우선 '당신이 보다 효율적인 혁신가가 되도록 돕는것'이라고 밝히고 있다. 학생들에게 한정시키지 않고 기업가, 사무직, 자신을 좀 더 성장시키려는 사람들이 읽을 법한 내용이다. 수평적 사고는 관심 대상과 그 배경에 대한 인식을 뒤집어 보는 것을 말하는데 이것이 창의적 사고의 핵심이다. 성공하는 창의적인 사고자에게는 일곱 가지 습관이 있다.

가정(추론)에 도전하라. 빛의 속도로 우주공간을 여행하는 태양광선위에 올라탔다고 가정해 본다면? 대담한 추측 없이 이루어진 위대한발견이란 없기 때문이다. 끼어드는 우연을 귀찮아하지 마라. 우연은발명가의 행운이다. 우연한 기회에 기발한 발명이 생기니까. 심층 의식에 귀 기울이라. 심층의식은 자궁과 같다. 준비하고 배양하고 조명하고 검증하는 과정을 통해 영감이 넘치는 메시지를 전달받기 때문이다. 판단을 미루라. 생각과 판단을 구분해 타인의 설익은 아이디어를 비판하지 말고 보완점을 고민해야 하기 때문이다. 유추라는 징검다리를 이용하라. 유추는 무엇을 상상함에 있어 핵심적인 역할을 한다. 창의적 사고는 특히 더욱 유추가 필요하다. 모호함을 견뎌라. 서두를수록 일은 더디다. 창의적인 사람은 의사결정에 있어 성급한 충동을 잘 극복하거나 조절하는 능력이 있다. 아이디어를 저축하라. 호기심은 보고 배우고 알기 원하는 욕구다. 관찰과 남의 말을 귀담아 듣는 태도, 독서를 통해 깨어있는 마음과 배우고자 하는 열망, 모험 가득한 여행을 통해 만나는 낯선 환경은 아이디어를 생성하는 모태와 같다.

이 책에서는 창의적인 사람인지 아닌지를 구분하는 기준을 세운다. 정보를 저장하고 기억해 내는 능력뿐 아니라 분석, 종합, 평가하는 힘이 있는 사람, 자발적인 동기부여를 하는 사람, 모순되는 아이디어를 창의적 긴장 속에서 유지하는 능력, 호기심, 독립심, 양면적 성격, 폭넓은 관심을 가진 사람이 그것이다.

인상 깊었던 부분과 그 이유

'모호함을 견디어라.' 모호하다는 것은 무능력해 보임과 같다고 생각했다. 이것도 저것도 아닌 선택하지 못하는 상황은 짜증나는 일이기도 하지만 답답하게 여겨진다. 모호함은 여기저기 헤맨다는 뜻이다. 그런데 이러한 불확실한 상태를 마무리하기 위해 무언가를 결정하려 할 때는 무조건 미루라고 한다. 초조하면 할수록 의심, 의혹이 더 커지기 때문에 적절한 판단을 하지 못한다. 이것은 우리가 자주 경험하는 일이고 자주 잊는 일이기도 하다. 고민이 귀찮아 아무 선택이나 했던 순간들을 떠올려 보니 결과가 그리 좋지만은 않았다. '얼마나 어리석었나!' 하고 자책하기 마련이다. 인간은 결정이라는 여관에서 편히 잠을 잔다는 말이 있다. 정확하고 현명한 판단일 경우에 그럴 수 있을 것이다. 결정을 미루고 숨고르기를 할 수 있는 여유, 그속에서 창의적 아이디어가 생성된다고 하니 올 한 해 내가 지킬 제1원칙으로 삼기로 했다.

'당신의 정령이 당신을 사로잡을 때 의식적으로 생각하지 마라. 모든 것을 맡기고 기다리며 복종하라.'

이 책을 읽고 변화된 생각

막연하게 '창의력' 하면 엉뚱하고 남다른 생각이라고만 여겼는데, 이 책을 통해 알게 된 것은 창의력도 논리와 분석력이 바탕이 된다는 사실이다. 또한 깊은 생각과 주변을 민감하게 살펴보는 힘이 중요하다는 것도 깨달았다. 과학자들은 관찰력과 호기심이 강한 사람들이라는 글을 읽었는데, 그래서 창의적인 발명이 이루어진다는 점이 이제야 이해가 된다.

난 좀 더 차분해지는 훈련을 하고 있다. 성급한 판단을 하지 않기 위해 조급한 마음이 생기면 셋을 세며 호흡을 한다. 공부를 할 때도 암기보다 이해를 하려고 관련된 정보를 찾아 폭넓게 익히고 있다. 아직은 습관이 되지 않아 서툴지만 꾸준히 훈련을 해나갈 것이다.

『반지의 제왕』 J.R.R. 톨킨

입학사정관전형 -자연과학부 지원자-

이 책은 중학교 시절『해리포터』시리즈만큼이나 푹 빠져 버린 책 중에 하나다. 책장을 넘길 때마다 슬프고도 흥미진진한 이상한 일들이 내 머릿속에 들어와서 나의 뇌를 적셔 주듯 하기 때문이다.

사우론이란 절대 권력자가 막강한 힘을 소유한 반지를 만들었는데 인간에게는 9개, 난쟁이에게는 7개, 요정에게는 3개 그리고 이들 반지를 지배할 유일한 반지를 만들었다. 하지만 대전투에서 그 반지는 주인을 떠났고, 그것을 가진 소유자에게 탐욕과 욕망을 심어 주었다. 결국 프르도라는 호빗에게까지 전해지게 된다. 5대 현자 중 하나인 마법사 간달프와 곤도르의 통치자 아르손의 아들 보르미르 그리고 반지의 운반자 프로도 그의 정원사 샘, 친구인 메리와 피핀이 절대 악과 싸워 나가는 영웅서사시이다. 미스릴 광산에서 간달프를 잃고 보르미르가 죽고 프르도와 샘은 스스로 모르도르오 반지를 파괴하러 나선다. 메리와 피핀까지 오크들에게 납치되어 원정대는 해체되었다. 김리, 레골라스, 아라곤은 메리와 피핀을 구하러 가다가 간달프를 만나고 그들은 헬름협곡, 미나스 티리스를 방어하며 사우론의 시선을 돌리는 반면, 각자 반지를 파괴하려고 애를 쓰다 결국 파괴에 성공해 다시 평화의 시대가 찾아 온다는 이야기이다.

반지의 제왕을 처음 접한 것은 책보다 영화가 먼저였다. 영화는 영상물이기 때문에 박진감이 넘치고 책은 자유로운 상상으로 사람을 내면적으로 즐겁게 해 준다. 영화에서 아쉬운 점은 재미와 시간, 장면 등의 제한으로 책 내용과는 다르게 그려질 수 있다는 것이다. 어쨌든 책과 영화의 차이점을 발견하는 것은 새로운 즐거움이었다.

이 책을 지은 작가 톨킨은 『반지의 제왕』 전에도 『호빗』이라는 책을 지었는데 그가 만든 책은 시리즈가 아니어도 서로 연관이 된다는 점에서 톨킨은 반지의 제왕에 세계의 여러 사람들을 자신의 문학세계 속으로 끌어들이는 엄청난 힘이 있다는 걸 느꼈다. 그리고 이 책은 독자를 즐겁게 하는 힘이 있는데, 그것이 바로 움직임 하나까지도 정확하게 표현한 묘사 때문이다.

반지의 제왕은 사실 그 세계에서 일어난 작은 사건에 불과한 이야기이다. 톨킨이 쓴 이야기 중에는 인간종족이 곤도르를 세우는 이야기의 책도 있다. 난 중학교 시절 그 인간계를 세우는 과정의 책과 『호빗』이라는 책이 있다는 것을 들었을 때 감탄을 했다. 어떻게 그런 생각을 한 걸까 하고 말이다. 그것이 지식인과 문학인의 차이라고 본다. 지식인도 머리를 굴리며 생각을 하지만 지식인의 생각은 제한되어 있고 형식적이지만, 문화에 길들여진 사람들의 생각은 범위가 제한이 없으며 자유롭다. 난 과학을 좋아한다. 하지만 책도 그만큼 좋아한다. 책 중에는 지식 위주의 책이 있고 문학 위주의 책이 있다. 이것은 책이 우리 마음의 양식이란 것을 증명해 주는 것이 아닐까?

『유전자가 세상을 바꾼다』 김훈기 외 1편

입학사정관전형 −생명과학부 지원자−

이 책을 읽으면서 저는 생명과학이라는 분야에 관심을 갖게 되었습니다. 이 책은 게놈프로젝트에 관한 내용과 DNA의 개념, 복제, 그리고 유전형질의 전환에 관한 기초내용을 알기 쉽게 설명한 책입니다. 책을 통해 현실 속에 생명과학이란 분야가 얼마나 다양한 형태로 자리 잡고 있는지를 깨닫게 되었습니다. 특히 질병 치료기술에 관심이 많은 저는 백혈병 치료제를 생산하는 흑염소에 관한 내용을 보고 놀라움을 감출 수 없었습니다. 점점 불치병에 대한 치료제가 개발되면서 이로 인해 많은 사람들이 병으로부터 해방되어 살아갈 수 있다고 생각하니 참 뿌듯했습니다. 그러나 한편으로는 이렇게 동물의 유전자 조작을 통한 방법들이 동물학대로 이어진다면 '이것은 인간의 이기심 때문이 아닐까?' 라는 안타까운 마음이 생기기도 했습니다.

『물은 답을 알고 있다』라는 책도 무척 감명 깊게 읽었습니다. 선한 말과 악한 말에 따라 물의 결정 모양이 변하는 것을 사진으로 보면서 이 세상의 모든 것들에 대해 다시 한 번 생각하게 되었습니다. '모든 것은 생명이 있는 것은 아닐까.' 라는 생각도 들었습니다. 어쩌면 실제로 존재하는 수많은 생명체 중에서 사람이 규정하고 있는 생명체는 극히 소수에 불과합니다. 사물을 보는 개인의 관점이 얼마나 좁은 것인지 깨닫게 되었습니다. 사람에게는 생명과도 같은 물에 대해 다시 한 번 소중함을 느끼게 되었습니다. 뿐만 아니라 생명체라는 것에 대해 다시 생각을 해 보게 되었고, 모든 자연물에 감사하는 마음을 갖게 되었습니다.

『부의 미래』 앨빈 토플러

-입학사정관제 멘토링 지도사-

얼마 전 한국을 다녀간 유명한 미래학자인 앨빈 토플러에 대한 기사를 보고 그의 책을 집어 들었다. 그는 과학, 문학, 법학 등 다양한 학문분야를 섭렵해 미래를 예측하는데 탁월한 식견을 보이고 있는 분이다. 『제3의 물결』, 『권력이동』, 『미래 쇼크』 등 현대를 살아가는 우리가 반드시 읽고 넘어가야 할 책, 읽지 않으면 구 패러다임에 안주해 뒤처지고 말 설득력 있는 준비를 하게 하는 책이다.

미래사회는 어떻게 변화될 것인지를 저자는 세 가지로 본다.

시간, 공간, 지식. 기업의 속도는 시속 100마일, 집단 견해를 형성하는 시민단체들의 변화 속도는 90마일, 미국의 가정 속도는 시속 60마일로 세 번째 탑승자가 된다. 시속 30마일의 변화 속도를 보이는 노동조합, 정부 관료와 규제기관들은 시속 25마일 속도를 낸다고 말한다. 그러나 가장 늦은 3마일 속도로 탑승한 변화의 마지막 조직은 정치조직이다. 이렇게 서로 다른 속도로 진행하다 보면 패러다임의 충돌이 일게 마련이다. 갈등과 대립이 존재하는 까닭이 이런 이유에서지만 앞으로는 그 속도의 변화가 급속하기 때문에 자칫 여유를 갖다 보면 얼마만큼 뒤처질지도 모르는 상황이 된다. 기술 개발의 속도역시 가속화되기 때문에 뒤처진 기술 국가는 여전히 낙후를 면치 못하게 되어 부익부 빈익빈은 반복될 것이다.

공간의 이동이 자유로운 현대사회에서 부 역시 공간 이동을 한다. 유럽에서 미국으로 그리고 아시아로. 모든 국가들은 부의 축적에 골몰하고, 부는 제도와 경제방식 그리고 삶의 방식까지 바꿀 것이라는 예측이다. 비경제적이면서도 사용할수록 창조되는 지식. 이것은 혁명적 부를 창출할 수 있는 막대한 원천이라고 한다. 그러나 수명이 짧아 무용지식이 될 수 있어 결코 틀을 정해서는 안 되며 끊임없이 교류와 소통을 위해서는 동등계층을 형성해야 함을 강조하고 있다.

세계는 변한다. 과거의 영화에 안주하는 순간 낙오된다. 생산자가 곧 소비자인 프로슈밍의 확대는 이제까지와 다른 새로운 경제 형태를 만들 것이며 '부' 역시 '돈'의 개념을 뛰어넘어야 한다.

시간과 공간의 측면에서 훨씬 더 멀리 시선을 돌리면 또 다른 잠재력을 가진 거대한 에너지원이 존재함을 알 수 있다. 그것은 바로 달이다. 창조적 발상으로 미래를 낙관하는 자에게 기회가 온다는 것이 저자의 최종 결론이다.

이 책에서 인상 깊었던 것은 사람들이 진실을 판단하는 기준 여섯 가지이다. 진실이란, 합의에 의해 결정된다는 것이다. 이것을 인습적 지혜라고 부르는데 집단적 사고가 진실이라 믿으며, 틀리다 하더라도 자신의 어리석음을 드러내지 않으려고 신뢰한다는 것이다. 거짓임에도 일관성이 있으면 진실이라 믿는 습성, 무조건 법규에 맞추기만 하면 되는 위선, 거짓의 일관성, 성경이나 코란, 혹은 워런 버핏 등의 권위 있는 대상의 말은 모두 진실로 인정한다. 특히 뉴스나 대통령, 목사의 말은 권위를 동반한 진리라고 생각한다는 것이다. 또 불가사의한 계시, 오랜 세월 내구성을 가지고 믿어 온 관습, 과학적으로 검증되었다는 이론 등에는 맹목적 믿음을 갖는 것이 현대인이라는 분석은 마치 나를 두고 하는 말 같아서 헛웃음이 나오기도 했다.

미래를 예측한다는 것은 예언과는 다르다. 다방면의 전공을 섭렵하고 날카로운 분석과 객관적 시선을 가져야 함을 앨빈 토플러를 통해 확인할 수 있었다. 그래서 그는 미래사회를 프랙토피아라고 명명하고 적극적이고 동시에 도달 가능한 세계라고 제시한다. 변화를 추구하고, 다양성을 인정하며 인간과 생태계, 나아가 사회와 조화를 이룰 수 있는 세계로 예측하고 있어 우리 아이들이 살아갈 세계에 대해 기대감을 갖게 한다.

더 읽어 볼 책

도서명	저자
단순한 생각이 만들어 낸 과학 발명 100가지	김수경
인류의 역사를 뒤바꾼 위대한 생각들	황광우
발명 마니아	요네하라 마리
과학, 일시정지	가치를 꿈꾸는 과학교사 모임
다빈치의 위대한 발명품	도미니코 로렌차

Chapter 08

LEADERSHIP

리더십,
독서 포트폴리오

> 훌륭한 리더는 구성원들이 리더가 있는지 없는지조차 모르면서
> **각자의 능력을 자연스럽게 발휘하게 하는 것이다.**

　대부분의 대학에서는 전교회장이나 동아리회장 등 조직을 이끌어 본 학생들을 대상으로 선발하는 리더십전형이 있다. 이 여파로 입시 공부에 방해된다는 이유로 기피했던 회장자리가 과열경쟁이 일고 있다는 이야기를 들었다. 또한 여러 기관에서는 리더십 캠프와 프로그램을 성황리에 진행하고 있다는 소식이다. 우리나라가 선진국이 되기는 되려나 보다. 여기저기서 이끌어가는 능력을 체계적으로 준비시키고 있으니 말이다.

　얼마 전 출근길에서 있었던 일이다. 지하철을 타려는데 출입문이 닫히고 있을 때 위험하게 승차를 감행한, 어느 엄마와 초등학교 저학년 쯤 되어 보이는 남자아이 얘기다.

엄마 야, 빨리 뛰어서 탔어야지. 엄마 손 다쳤잖아!

아이 엄마는~, 다음 차 타면 되지.

엄마 엄마가 타라면 타야 하는 거야.

아이 빨리 가야 할 일도 없으면서…….

엄마 자식이 말이 많아, 확~.

그 모습을 지켜보고 이런저런 생각을 하고 있는데, 다음 역에서는 갓난아기를 안고 유모차를 끈 젊은 부부가 탔다. 러시아워를 살짝 지나긴 했지만 승객이 꽤 많았다. 대학생으로 보이는 여자가 자리를 양보해 아기를 안은 엄마는 자리에 앉을 수 있었다.

여자 여보, 유모차 좀 접지, 복잡한데.

남자 (투박하게) 어떻게 접는데?

여자 거기 보면 손잡이 중간에 밸브처럼 생긴 것을 당겨서 접으면 돼.

남자 (찾지 못했는지) 어디 있는데? 에이!

여자 그럼 당신이 아이 안을래?

남자 됐어!

남의 이야기지만 필자는 불편한 마음으로 지하철을 내렸다. 그리고 버스정류장에 도착을 했는데 공사를 하느라 끈으로 출입금지 통제선이 그어져 있었다. 버스를 기다리고 있는데 40대 초반쯤 되어 보이는 남자분이 공사하는 분들에게 언성을 높이며 불평을 토로했다.

승객   공사를 하려면 예고를 하고 하든지 그리고 통제선도 치려면 보
            행자를 생각해서 토막 토막해야지. 이게 뭐야! 똥개 훈련시키
            는 것도 아니고.

공사자 오늘 중으로 빨리 끝납니다. 불편해도 참아야지, 어쩌겠어요.

승객   그래도 시민이 불편하다고 하면 고쳐야 하는 것 아니오!

공사자 (귀찮은 듯) 바쁩니다.

승객   왜 사람 말을 우습게 들어요?

공사자 그게 아니라 조금 돌아가면 될 것을 왜 시비를 거는 겁니까?

승객   시비라니, 이거 안 되겠네. 이 공사 책임자 누구야. 시청에 신
            고해야겠네!

공사자 마음대로 하세요.

  그 남자는 핸드폰으로 사진을 찍었다. 공사차량 번호도 적었다. 그
러더니 기다리던 차가 왔는지 차에 올랐다.

  짧은 출근시간에 세 가지 사건을 접하면서 춘추시대 중국의 '노자'
라는 사람이 떠올랐다. 그가 한 말 중에 '처음처럼'이란 말을 가장 좋
아한다. 어느 주류회사의 광고카피로도 사용하는 이 말은 리더십철
학을 가장 잘 보여주기 때문이다. 노자는 남자보다는 여자가, 어른보
다는 어린이가, 큰소리치는 사람보다는 조용한 사람이 리더역량이
더 높다고 말한다.

  노자는 리더는 '처음 마음'을 한결같이 유지해야 한다고 말한다. 대
개 '처음 마음'은 순수하고 열정이 있기 때문이다. 그리고 리더는 처
음 새싹처럼 부드러워야 한다고 말한다. 부드러움은 포용과 관용을

의미하기 때문이다. 또한 리더는 아래에 위치하라고 말한다. 위로 갈수록 심신이 경직되어 수명이 단축된다고 경고한다. 그래서 가장 훌륭한 리더는 구성원들이 리더가 있는지 없는지조차 모르면서 각자 자기 에너지를 갈등 없이 자연스럽게 발휘하는 것이라 말한다. 노자는 스트레스를 만병의 근원으로 보고 그것을 없애는 방법을 연구한 사람이다. 그래서 스트레스를 잘 알고 잘 다스리는 사람이 가장 훌륭한 리더라고 칭한다.

시대와 환경에 따라 리더십의 조건도 변한다. 그래서 사회과학에 관련된 다양한 독서에 관심을 가져야 한다. 분명한 것은 오늘날 인터넷의 발달은 기존에 없었던 새로운 리더십을 주문하고 있다는 사실이다. 개개인들은 날로 더 똑똑해지고 있다.

미래학자들은 21세기 리더는 도덕성과 감성 그리고 소통의 능력이 필요하다고 강조한다. 그런 점에서 2천5백 년 전의 노자의 도덕 리더십에 귀를 기울일 필요가 있다.

최고가 아니더라도 필요한 덕목을 쌓고 자신있게 표현할 수 있다면, 리더십으로 충분히 인정받는다!

입학사정관제에서는 리더십전형이 아니더라도 리더역량을 반드시 묻는다. 21세기 선진사회는 누구나 리더역량이 필요하기 때문이다. 비교과활동이 활성화되지 않은 학교에서는 이것 또한 난감한 일이 아닐 수 없다. 학생회장직을 늘릴 수도 없고 마땅히 리더십 경력을 제시할 수 있는 거리도 없기 때문이다.

앞에서도 자주 언급했지만 입학사정관이 보고자 하는 것은 활동 그 자체보다는 그 활동을 통해 형성된 잠재역량을 평가한다. 그러자면 학생 나름대로의 리더십철학이 필요하다. 특히 자기만의 진로와 관련해 자신의 강점이 리더십 발휘에 어떻게 적용이 가능할지 구체적인 언급이 있어야 한다.

유아교육을 전공하고 아동복지활동을 꿈꾸는 고3 학생의 이야기다.

학생 저는 학교에서는 퀼트동아리활동을 했고 봉사활동으로는 다문화센터에서 멘토교사활동을 했는데요, 이것도 리더십역량이 될까요?

필자 그 활동자체를 놓고 해당된다, 안 된다를 판단할 수는 없고 그 동기와 과정 그리고 스스로 진로와 관련지어 얼마나 진정성이 있느냐를 보고 판단하는 겁니다.

학생 그래도 리더십이라면 학생회장을 하거나 어떤 대외적인 조직을 이끌어야 하는 것 아닐까요?

필자 물론, 그런 이력이 필요한 학생도 있습니다. 제 이야기는 모두가 그것을 갖추어야 리더십역량이 있다고 보는 것은 아니라는 이야기입니다.

학생 저는 특별히 내세울 게 없는데…….

필자 아동관련 사회복지활동을 하려면 어떤 태도나 성격이 가장 필요하다 생각하세요?

학생 뭐, 아무래도 약자에 대한 관심과……, 그리고 그 사람의 입장을 잘 이해해야겠죠?

필자 맞아요. 그러면 퀼트 동아리활동을 하면서 방금 말한 그런 능력을 발휘한 적이 있나요?

학생 저는 워낙 낙천적이고 부드러워서 아이들이 잘 따라요. 그리고 다문화센터에서 멘토교사활동을 할 때에도 제가 인기가 가장 좋았어요. 그래서 중국에서 온 아이는 저에게 자기 집안 이야기도 저에게 모두 털어놓을 정도로 친하게 지냈어요.

필자 학생이 방금 말한 것은 리더십이 아닌가요? 표면적으로 드러난 최고가 아니더라도 학생처럼 학교생활을 충실히 하면서 꿈을 향해 필요한 덕목을 하나하나 쌓고 그것을 자신감 있게 표현할 수 있다면, 리더십역량으로 충분히 인정받을 수 있다고 봅니다.

학생 아! 그렇군요.

리더십도 체계적인 학습이 필요하다. 자신만의 색깔을 만들어 가야 하기 때문이다. 그 방법의 하나가 독서 동아리활동이다. 학생들이 돌아가며 도서를 선정해 읽고 정리한 다음 동일한 책이라도 각자의 꿈과 관련해 대화를 나누는 방법이다. 그것을 반복하다 보면 꿈에 대한 역량이 커지게 되고, 꿈을 이루기 위해 갖추어야 할 덕목들이 무엇인지 알게 된다. 결국은 꿈에 대한 내공이 자신감이고 리더십이다.

리더십 책읽기에 앞서서 나의 리더십정신을 점검해 보자.

첫째_ 나는 사람 마음을 잘 읽는가?

둘째_ 나는 문제해결 능력이 탁월한가?

셋째_ 나는 갈등상황에서 명석한 대안을 제시하는가?

넷째_ 나는 주위 사람들에게 신망이 두터운가?

다섯째_ 나는 곤란한 상황에서도 위기 대처능력이 뛰어난가?

여섯째_ 나는 대화나 토론에서 흥분하지 않고 침착하게 말하는가?

일곱째_ 나는 어느 편에도 쏠리지 않고 나만의 중심을 유지하는 능력이 있는가?

여덟째_ 나는 인간관계에서 적을 만들지 않는가?

아홉째_ 나는 겸손의 미덕을 실천하는가?

열째_ 나는 다른 사람들의 충고를 잘 듣는가?

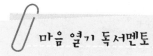
마음 열기 독서멘토

오바마에게 배우는 리더십 10계명
- 믿을 수 있는 사람이 되어라.
- 변화와 혁신정신을 추구하라.
- 배척하지 말고 포용하라.
- 발전적인 통합을 향해 나아가라.
- 자신을 검증하고 확고한 나를 확립하라.
- 대중의 눈높이에서 느끼고 생각하라.
- 스스로 판단하고 스스로 행동하라.
- 목표보다 관계를 중요시하라.
- 동질감을 느끼게 하라.
- 마음을 사로잡는 언변을 길러라.

김종현 『검은 케네디 오바마의 리더십 10계명』 중에서

책 속 멘토와 대화 나누기 ········· *리더십*

『역사에서 리더를 만나다』 유필화

내용 요약

한비자, 마키아벨리, 비스마르크는 인간 불신의 철학자이다. 인간은 이기심을 떠나 자유로울 수 없다는 원칙에 의해 강하고 짧은 폭력은 유용하다는 것이 이 리더십의 핵심이다. 특히 한비자는 법(法), 술(術), 세(勢) 요건으로 부하들을 운영, 통제는 물론 우두머리로서 권력의 핵심을 유지할 수 있었다는 것이다. 반면 공자와 카이사르, 제갈공명은 인간 신뢰의 리더십으로 존경을 받는다. 스스로에게 엄격하되 부하에게는 너그러운, 그러나 신상필벌과 공평무사의 원칙을 지키는 리더자가 인간 신뢰의 리더십이라는 것이다. 의지의 리더십 발휘자도 있다. 용기와 의지로 죽을 각오를 하며 싸워야 하면서도 겸손하고 그리고 당당하기까지 해야 하는 조건을 갖춘 처칠과 이순신, 히든 챔피언 리더들이 이들이다. 철학적 경영을 한 이나모리 가즈오와 석가모니, 보조국사 지눌은 자비의 리더자였다고 분석하는 작가. 극단에 치우치지 않고 중용하며 혼돈과 질서가 공존해야 한다는 논리이다. 안정은 지속성을 갖지만, 혼돈은 유연성과 혁신적 아이디어를 창출해 낼 수 있다는 것이다. 작가는 기업경영의 입장에서 조직과 조직원의 유기적 소통, 효율적 관리를 위한 경영자의 고민에 대한 해답들을 제시한다. 그러면서도 리더자의 공통적 특성을 말한다. 리더자의 겸양과 인재를 알아보는 혜안, 그리고 위기에 앞장서는 솔선수범과 책임감이 시대를 뛰어넘는 리더십의 공통 요소라는 것이다.

인상 깊었던 부분과 그 이유

이나모리 가즈오의 경영철학은 철저한 인본주의 이념이다. '전 직원이 물질적, 정신적 행복을 추구하며 인류와 사회 발전에 이바지함'을 교육한다. 불황기에는 감원과 명예퇴직이라는 이름으로 기업을 살리기 위한 대책을 마련하는 것이 보통인데, 교세라는 호황기 때에 하는 일이 불황에도 감원하지 않도록 철저한 대비를 한다는 것이다. 그래도 건재한 것은 그의 아메바 경영 덕이다. 깊고 넓은 경험과 다양한 체험을 바탕으로 조직에 속한 개개인의 열정을 살리기 위해 조직을 쪼개고, 필요하면 다시 합쳐 일의 효율성을 높이고, 분화된 아메바 조직끼리 경쟁하게 해 탄력적인 운영을 하는 것이다. 이나모리 가즈오의 가장 인상적인 철학은 직원에게 '실패할 수 있는 자유'를 준다는 점이다. 노력의 결과가 손실일지라도 책임을 묻기보다 성공할 기회를 잡을 때까지 기다려 주는 여유 있는 보스라는 것이다.

우리가 생각하는 리더십은 카리스마와 권위, 추앙받는 우두머리다. 절대적인 복종과 강력한 권력으로 통제하는 지도자를 그리워하는 것이 특히 요즘 어르신들의 향수다. 여기저기 자기 목소리를 내어 권리를 찾고자 하는 혼돈이 몹시 마뜩잖아서일 것이다. 그러나 젊은 계층에서는 일방독주를 하는 지도자에 대한 반감이 상당하다. 진부한 리더십이라는 의견이다. 그렇다면 리더십은 시대마다 다르며, 요구되는 덕목 역시 변화를 거듭하며 새롭게 창조되는 것이므로 살이 숨 쉬는 도(道)라고 할 수 있지 않을까? 이 책에서 만난 다양한 형태의 리더십 가운데 기다려 주는 이나모리 가즈오의 리더십이 마음에 끌리는 것은 이 시대에 가장 필요한 힘이기 때문일 것이다.

리더십과 관련해 자기 생각 펼치기

『역사에서 리더를 만나다』에서 분석한 대부분의 리더십은 수직형 리더십이다. 조직의 장에 의해 움직여지기 때문에 조직원의 행동 범위가 한정되어 있다. 물론 절대 권력이 요구되는 시절 특성상 리더는 책임자이며 명령자일 수밖에 없었다. 이런 구조는 명령권자의 책임이 크기 때문에 조직원의 잘못이 곧 리더의 잘못이기 때문에 조직원은 책임의식이 약해지고 권리만 강조하는 부작용이 생겼다. '예'만 인정되고 '아니오'가 홀대받다 보니 잘난 사람을 못난 사람 수준으로 끌어내려야 했던 것도 권력형 리더 시절에 겪은 우리들의 경험이다.

권력의 핵심이 분산되고 대중이 갖는 힘과 능력이 인정되면서 리더십은 수평이 되기 시작한다. 다양한 조직의 수많은 사람들이 때론 우두머리로, 때론 조직원으로 헤쳐 모이면서 상황에 따른 적절한 역량을 발휘해야 하는 시대가 바로 요즘이다.

선진국 개념의 리더십은 자발성이라고 할 수 있다. 처해진 상황에서 주인의식을 갖는 것, 즉 타성에 젖어 명령을 기다리는 것이 아니라 자발적으로 내 역할을 찾는 마음가짐이 리더의 자질이다. 책임과 의무 그리고 권리의 비중을 평등하게 생각하는 수평적 사고가 서로 살리는 효과를 가져올 수 있기 때문이다. 누구나 리더가 되어야 한다. 조직의 결함은 내 결함이다. 내 가정, 내 학교, 내 직장, 내 나라, 내 민족은 곧 나를 증명하는 또 다른 나이기 때문에 주인역할을 담당하는 것은 자연스러운 일이다.

나는 교복을 항상 단정하게 입는다. 그리고 아파트 입구에 떨어진 담배꽁초를 줍는다. 내 물건을 잘 정돈하려 틈틈이 신경을 쓴다. 이 모든 것들을 대표하는 것이 나이기 때문이다.

내가 읽은 리더십 독서

주요내용:

- -

- -

인상 깊은 부분과 이유:

- -

- -

나의 리더십과 관련해 더 관심 갖게 된 분야(부분):

- -

- -

생각을 온몸으로 체감하기 --------------------●

체험 교감

☞ 가족회의에서 사회보기

☞ 일주일에 한 명씩 새로운 사람 사귀기

☞ 비호감형 사람과 인터뷰하기

독서멘토링 4단계 포트폴리오 창조하기

자기비전 디자인하기

나의 리더십과 관련해 독서 포트폴리오 만들기

독서 포트폴리오

🕐 이 책을 읽게 된 동기, 계기를 나의 리더십과 관련해 적어 보자.

🕐 이 책의 줄거리를 간략하게 소개하고, 특히 인상 깊었던 부분과 이유를 나의 리더십과 관련지어 정리해 보자.

🕐 이 책을 접하기 전과 후의 변화과정을 나의 리더십과 관련지어 정리해 보자.

🕐 이 책에 대한 평가와 이 책을 통해 더 관심 갖게 된 분야, 그리고 더 읽어 보고 싶은 책을 나의 리더십과 관련지어 정리해 보자.

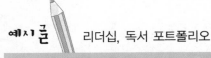

『신도 버린 사람들』 나렌드라 자다브

동기

중국과 함께 떠오르는 아시아의 별 인도. 그러나 인도는 문맹률이 높고 오래된 신분제도 때문에 걸림돌이 많다는 신문기사 내용을 읽었다. 인구가 많기로 두 번째이기 때문에 가능성도 높지만 가난과 관습, 그리고 무지가 발전의 발목을 잡고 있다는 것이 교육열이 높은 우리나라와 비교할 때 이해되지 않는 일이기도 하다. 인도의 카스트 제도는 그야말로 신분제 가운데 가장 오랜 역사를 가지고 있다. 물론 지금은 폐지가 되었지만 사람들의 생각 속에 남은 기억은 쉽게 잊히지 않기 때문에 아직도 문제가 많다고 한다. 그래서 이 책을 통해 최하층의 삶과 제도가 인간의 삶에 미치는 영향에 대해 구체적으로 알고 싶어 선택하게 되었다.

줄거리

'베다를 들으면 귀에 납물을 부을 것이요. 베다를 암송하면 그 혀를 자를 것이며, 베다를 기억하면 몸뚱이를 둘로 가를 것이다.'

이 구절이 '신도 버린 사람들' 인 이유이다. 이 책은 힌두교도이면서 경전인 베다를 접하면 이러한 형벌을 받아야 하는 신분의 사람들 3대 이야기다. 제도의 벽을 뛰어넘기 위해 같은 신분의 사람들과 가족들에게 배척받아 가며 자식에게 대물림하지 않겠다는 신념으로 고난의 과정을 꿋꿋하게 걷는 아버지. 달리트라는 신분은 시체처리, 오물 수

거, 도살 등의 일에만 종사할 수 있고 개는 먹을 수 있는 물도 이들이 먹으면 안 되는 현실을 인정할 수 없어 3,500년의 전통을 깨려는 그들. 또한 상위 카스트의 그림자도 밟을 수 없으며, 발자국도 오염시킨다는 이유로 허리에 비를 차고 다니며 지워야 하는 처지다. 저자의 부모인 다무와 소누는 같은 달리트 출신인 암베드카르 박사를 롤 모델로 삼아 신분철폐운동에 참여하며 인간으로서 권리를 찾으려는 삶의 리더자이다.

"더는 못 견디겠어, 소니. 참을 수가 없어. 우리는 자존심을 가져야 해. 존엄성을 지녀야 한다고. 어떻게 집집마다 다니며 구걸을 하냔 말이야. 발루타가 우리의 권리라고? 맙소사! 그들이 음식을 어떻게 던지는지 본 적 있어? 개처럼 살 권리 따위는 원치 않아. 나는 인간답게 살 권리를 원한다고."

일거리를 못 얻어 삼사 일씩 굶는 것이 보통인 가난함 속에서도 틈틈이 견고한 상위 카스트에 대항해 자신의 권리를 찾기 위해 집회에 참여하고, 인정받기 위해 더 많은 일을 하면서 자존감을 키워가는 아버지로 인해 저자는 천민신분에도 국제적 명성을 지닌 경제학 박사가 된다.

대부분의 내용이 부모인 다무와 소누의 이야기이지만 이 속에서 인도라는 문명과 종교성을 가진 숭고한 나라에서 펼쳐지는 고단하고 비인간적인 세세한 생활상이 드러난다. 또한 간디와 바바사헤브라 불리는 암베르카르 박사의 대립도 드러난다. 사회 운동가로 불가촉천민의 안위와 권리를 위해 희생한 암베르카르 박사와 달리 상위 카스트 출신인 간디는 국민을 사랑하고 존경받는 인물이지만 불가촉천민에 대한 개선에 대해서는 인색해 달리트들에게 비난을 받기도 한 알려지지 않은 사실도 이 책에서 얻는 것들이다.

인상 깊었던 부분과 그 이유

"나는 성공이란, 잠재력을 실현시키는 거라 생각한다. 세상에 쓸모 없는 사람이란 없다. 누구나 내면에 엄청난 힘을 지니고 있다. 동화 '미운 오리새끼' 처럼 말이다. 하지만 안타깝게도 인도의 계급사회 안에서는 태어날 때부터 죽을 때까지 스스로를 미운 오리새끼라고 생각하고 생을 낭비하는 수백만의 백조가 있다." – 다자브

3천5백 년의 관습이면 이미 유전자에 뿌리 깊게 남아 있을 것이다. 게다가 종교적 성향이 강한 인도인들에게 계명과 같은 신분제를 깨뜨리기 위한 저항은 쉽지 않은 결단이었을 것이다. 성공한 후에는 성공의 가능성을 점칠 수 있지만 아무도 가지 않은 처음 길을 가는 사람이 잠재력을 실현시키는 힘을 만들어 낸다는 것은 확실한 꿈과 자신에 대한 신뢰가 바탕이 되어야 할 것이다. 그런 면에서 『신도 버린 사람들』의 저자 나렌드라 다자브는 성공의 가치가 있는 사람이라고 생각한다. 그리고 그가 이 책을 펴냈다는 것은 자신의 천한 신분이 문제되지 않으며, 순응과 복종의 삶을 살며 여전히 차별받는 많은 사람들에 대한 애정을 가지고 있기 때문일 것이다. 스스로의 삶을 리드하고 리더자로서 존경받는 까닭도 여기에 있지 않을까 싶다.

이 책을 읽고 변화된 생각

최하층 천민에서 세계적인 경제학자가 된 저자에게 '신분상승' 이란

말을 적용하지 않겠다. 그것은 여전히 신분차별이 존재하는 말이기 때문이고, 저자의 가족 3대가 겪은 고난에 대한 모욕이다. 그들은 신분상승이 필요했던 것이 아니고 인간으로 대우받기를 원했던 것이니까. 요즘도 신분상승에 대한 드라마나 책들이 종종 나오기 때문에 부자로 사는 것이 신분상승이라고 자연스럽게 생각하게 만든다. 그래서 여전히 신분 차별이 존재하는 것처럼 여겨진다.

나는 이 책을 읽고 '신분'에 대한 정의를 나름대로 내려 보려 한다. 사회적으로 중요한 위치, 즉 가치 있는 일을 하는 사람들을 '신분 높은 사람'으로 말이다. 암베르카르 박사나 이 책의 저자인 나렌드라 다자브는 사회 부조리를 바로잡기 위해 투쟁했고, 비정상에서 정상의 삶을 위해 역경과 고난을 겪고 같은 처지의 사람들에게 희망의 등불 역할을 하고 있으니 말이다.

이 책을 통해 내가 또 하나 새롭게 정리한 것은 리더십이다. 다자브의 아버지 다무는 자신의 처지에도 불구하고 자식에게 대물림하지 않기 위해 자기 삶을 개선해 나간다. 이런 행동이 리더의 기본이 되어야 한다. 그래야 조직 안에서도 역시 더 나은 조직의 역량을 위해 자기 역할을 충분히 할 것이다. 불가능할 것 같은 고착된 관습을 벗어난 '계란으로 바위를 깬' 이들의 성공이야말로 글로벌리더의 자질이라 할 수 있겠다.

『옳다고 생각하면 행동하라』 권준욱

입학사정관전형 ─국문학부 지원자─

UN반기문 사무총장처럼 외국에서 활발히 활동하는 한국인들이 많다는 얘기를 듣고 이 책을 찾아 읽게 되었다.

이 책은 이종욱 박사가 사무총장으로 있던 WHO 제네바 본부에서 파견 근무를 했던 저자가 가장 가까이에서 관찰한 이종욱 박사의 글로벌 리더십을 기록한 책이다.

'아시아의 슈바이처'라고 불렸던 이종욱 박사는 한국인 최초로 WHO의 6대 사무총장으로 취임했고 한평생을 가난하고 어려운 사람들을 위해 봉사하면서 살아오셨다. 책 앞부분에는 박사님의 살아생전 활동했던 사진들이 실려 있는데, 그 속에서 인류를 생각하는 박사님의 사랑을 느낄 수 있었다. 박사님은 항상 환경을 생각해서 하이브리드 카를 타고 다니셨다고 한다. 또 차를 탈 때는 뒷자리가 아닌 운전기사 옆자리에 탔는데 그 이유는 그 차가 자기 소유라고 생각하지 않아서였다. 차는 WHO에서 빌려 준 WHO 소속의 차량이기 때문에 뒷자리에 편히 앉는 것은 옳지 않다는 게 박사님의 생각이셨다. 일반적으로 사람들은 자신의 편한 것을 먼저 생각하고, 권위를 돋보이도록 하는 데에 신경을 쓰는 편이다. 이런 박사님의 모습은 사람들에게 신뢰와 존경심을 갖게 만든다. 박사님은 일도 일이지만, 대인 관계를 중요시 여겼다고 한다. 어떤 사람에게 무슨 내용을 써서 보내든 항상 자필로 편지를 썼고, 한국인으로서의 자부심 또한 잃지 않았다고 한다. 인류의 생명을 항상 중요시 여겼던 박사님은 마지막 순간까지도 총회를 준비하다가 쓰러지셨다고 한다. 박사님의 일에 대한 대단한 열정을 짐작할 수 있었다.

이 책을 읽고 그동안은 주로 우리나라의 드라마에 대해서 연구하고 고민했었는데, 앞으로는 세계의 드라마를 공부해야겠다는 시선도 키우게 되었다. 박사님의 넓은 사고를 배워 인류에 기여하는 드라마 작가가 될 것이며, 나의 역량과 꿈을 세계화하겠다는 다짐을 해 본다.

『중국 역사를 움직인 15인의 재상』박윤규

- 입학사정관제 멘토링 지도사 -

예로부터 "집안이 어려우면 어진 아내가 생각나고, 나라가 어지러우면 어진 재상을 그리게 된다."는 말이 있다. 이는 옛 사회에서 왕은 하늘이 내고, 재상은 땅이 세운다는 의미와 통한다고 본다. 왕과 재상은 상호보완적 존재다. 떼려야 뗄 수 없는 오랜 러닝메이트로서 왕이 스스로의 의지와 상관없이 리더가 되었다면 재상은 자신 스스로를 당대의 가장 뛰어난 인재로 만들어 나라를 다스리는 역할을 해 온 것이다.

나는 예술교육 문화센터를 운영하겠다는 꿈을 가지고 있다. 그런 꿈을 위해 중국의 대표적인 15명 재상들이 어떤 사상과 방법으로 중국의 리더가 되었는지에 대해 알고 싶어졌다. 그들을 통해서 나 자신이 다스려야 하는 조직과 리더에 대한 새로운 그림을 그려볼 수도 있을 것이다. 또한 교육사업 분야로 입학사정관 멘토 역할을 할 텐데 중국 15명의 재상과 중국 역사의 여러 면모를 살펴보면 현재를 살고 있는 우리 청소년들이 우리나라의 각 분야에서 리더가 되기 위해 스스로의 역량을 키워가는 과정을 멘토링하는데 큰 도움이 되리라 생각해 이 책을 읽게 되었다.

중국인의 역사는 주나라가 근간이다. 그래서 저자는 은의 멸망과 주의 건국과정을 잘 보여주는 강태공을 시작으로 이야기를 풀어나간다. 그 후 주 왕실이 쇠락해 춘추와 전국으로 이어지는 동안 수많은 재상들은 시대를 풍미하며 역사의 본류에 서 있었다. 시황제가 천하를 통일하고 항우와 유방의 전쟁을 통해 한이 건국되는 과정에서도 재상들은 눈부신 활약을 펼쳤다. 중국역사는 한나라 시대에 이르러 정치, 문화적 토대가 굳어졌다. 그 후에 다른 민족이 중국을 다스렸지만 정치 문화의 토대는 여전히 한족의 그것이었다. 그래서 이 책에서는 중국의 틀을 완성한 한왕조의 마지막 재상 제갈공명에서 이야기를 마친다. 강태공, 관중, 공자, 오자서와 범려, 공손앙, 소진, 맹상군, 범휴, 인상여 여불위, 이사, 장량, 동중서, 왕망, 제갈량이 본서에 등장하는 15명의 재상이다.

이 책에서 가장 나의 흥미를 끈 것은 재상의 자질이다. 과연 어떤 사람이 재상이 되었는가? 왕처럼 타고난 천운이 있거나 막대한 부를 배경으로 삼을 만한데 전혀 그것이 아니라는 데 재상의 매력이 있다. 여러 명의 재상들이 알고 보면 출신이 요리사, 노예, 낚시로 시간을 보내던 자, 양치기 등 하나같이 권력과 재산과는 거리가 먼 사람들이었다. 그들의 공통점은 바로 '도를 터득한 자' 라는 것이다. 때를 기다리다가 자신의 능력을 보여줄 수 있는 시점을 놓치지 않고 한번에 드러냈다. 나는 이 부분에서 '기다림과 드러냄' 이 두 가지에 대해 깊게 생각해 보았다. 내 인생을 걸고 진정으로 하고 싶은 꿈을 생각해 내는 과정은 긴 기다림의 시간이었다. 복합 예술 문화 센터를 만들겠다는 막연한 꿈을 가진지 몇 년, 그 후에도 육아와 여러 가지 복잡한 여건은 꿈을 향한 한 번의 발걸음도 쉽지 않게 했다. 하지만 기다림의 시간도 무익한 것은 아니다. 기다리다 보면 나 자신이 언제 옮겨 가야 하는가에 대한 답을 알게 될 때가 온다. 그러면서 꿈을 향한 구체적인 작은 한 가지 행동이라도 실현해 보았을 때 성취감을 느끼고 그제야 비로소 내 인생을 드러내야 할 때가 언제인지 알게 된다. 내가 그런 경험을 여러 번 하고 체험으로 쌓이면 꿈에 대한 거리는 점점 좁아지고 꿈을 실현할 수 있는 가능성과 희망은 더 커지는 것이다. 그러면 다른 이에게도 특히, 내가 지도하게 될 청소년들에게도 말해 줄 수 있는 것이다. 기다림과 드러냄의 타이밍을 스스로 찾아내는 방법을 터득하기 위해 공부하며 경험을 많이 쌓으라고. 그렇게 되면 대학진학을 향한 긴 시간이 고통으로 느껴지지 않고 인생을 준비하는 소중한 단계로 인식되어질 것이라고 자신 있게 지도할 수 있을 것이다.

천하를 경영한 15명 재상들의 등용과 치세라는 부제에 비해 너무 스토리 위주의 전개는 약간은 옛날이야기를 읽는 것 같아 전문역사서 같은 느낌은 나지 않았다. 읽기 편한 것에 반해 '진짜일까?' 라는 의구심이 좀 들기도 하는 단점도 있었다. 하지만 각 재상에 대한 좋은 점만 기술하지 않고 단점 및 실수한 부분들을 언급된 면은 좋다고 생

각한다. 마지막으로 후세의 평가에 대한 좀 더 자세한 이야기가 있었
으면 좋겠다는 아쉬움이 남는 책이었다.

더 읽어 볼 책

도서명	저자
거절 수업	크리스틴 라우에낭
청춘의 독서	유시민
서번트 리더십	제임스 C. 헌터
고전에서 배우는 리더십	서진수
당당한 리더로 키우는 청소년 리더십	존 맥스웰

GLOBAL

::Chapter 09

글로벌,
독서 포트폴리오

　유치원 아이들이 토플을 준비하는 나라다. 영어유치원, 명문사립초등학교, 국제중학교, 특목고나 자사고, 명문대의 코스를 밟기 위해서다. 대한민국은 중학교까지 의무교육이지만 실제로는 자유교육공화국이다. 능력만 되면 배움의 기회는 얼마든지 열려 있기 때문이다. 필자는 정치가도 교육행정가도 아니다. 따라서 교육의 빈부문제나 학교 간 차별을 논할 마음은 추호도 없다. 다만 관심을 두고 있는 것은 이 땅의 한 사람 한 사람이 대한민국의 얼굴이라는 것이다. 이러한 애국적(?) 발언에 대해서 뭐 그리 잘난 체 하느냐고 충고하는 독자도 있으리라 생각한다. 그 역시 충분히 받아들인다.

　바야흐로 모두가 인정하는 글로벌시대다. 국제중과 특수목적고 그리고 각 대학은 글로벌인재양성이 슬로건이다. 또한 국제학부와 국제학과의 신설이 늘고 있는 추세며 영어로 수업을 진행하는 곳도 점차 확대되고 있다. 방학 전후를 활용한 어학연수와 교환학생프로그램도 이제는 특별한 것이 아니다. 그 밖에도 국제학교, 유학원, 영어마을, 영어캠프 등 고개만 돌려도 글로벌에 다가갈 수 있는 기회는 많다. 그래서 그런지 초·중·고학생들을 만나 보면 외교관이나 국제기구에서 활동하겠다는 아이들이 많다.

고등학교 2학년 학생의 이야기를 들어 보자.

필자 학생은 꿈이 뭐예요?

학생 외교관요.

필자 어떤 동기나 계기가 있나요?

학생 어렸을 때부터 사업차 외국방문을 많이 하는 아버지를 따라 외국여행을 많이 했었거든요. 그래서 영어는 자신이 있고요. 그리고 어학성적이나 해외봉사활동 등 그쪽으로 스펙도 꽤 있어요.

필자 외교관이 된다면 무엇을 해 보고 싶나요?

학생 우리나라를 잘 알려야죠.

필자 좋아요. 그럼 우리나라에 대해서 누구에게 무엇을 어떻게 알릴 거죠?

학생 글쎄요…….

얼마 전 입학사정관제 포트폴리오지도사과정을 마치던 날, 고2 학부모가 반농담식으로 우리나라 학부모들의 고충을 이야기하는데 그 얘기가 가슴에 와 닿았다.

"우리 아이는 유달리 우유를 좋아해서 젖을 떼면서부터 매일 우유를 먹였습니다. 유치원에 들어가서는 그래도 폼나게 하버드우유를 먹였지요. 초등학교에 다닐 때는 우리 현실을 알아야 했기에 서울우유로 바꾸었습니다. 중학교 때는 집 가까이에 있는 연세우유를 먹이기 시작했습니다. 고등학교에 올라와서는 아이가 건국우유를 먹겠다고 원해서 바꾸어주었습니다. 지금 2학년인데 아마 3학년이 되면 저 지방우유를 먹여야 하지 않을까 고민 중에 있습니다."

애써 부연설명을 하지 않아도 짐작할 수 있는 우리나라의 교육풍속도다.

위와 같은 현실을 보면서 꽤 오래 전부터 글로벌의 실체가 무엇일까를 고민해 왔다. 그것은 우리 교육의 변화에 중요한 키워드가 될 수 있다는 판단 때문이다. 필자가 내린 결론은 글로벌 = 선진국이다. 즉 글로벌은 대한민국의 선진화를 의미한다. 앞에서도 언급했듯이 외형적으로 대한민국도 어엿한 선진국이다. 그런데 필자가 관찰한 바로는 선진국 정신은 결여되어 있다. 선진국 정신의 핵심은 '나'에 대한 존중의식이다. '나'는 세상의 주인이라는 인식이 있어야 한다. 그러자면 먼저 '나'를 들여다볼 수 있어야 한다. '나'를 알지 못하는 사람은 다른 사람과 소통할 수 없기 때문이다. 따라서 글로벌한국이 되기 위해서는 대한민국을 먼저 공부해야 한다. 이 땅의 청소년들에게 외국어에 투자하는 시간, 돈, 에너지의 1/10이라도 대한민국의 정신을 가르쳐야 한다. 그럴 때 비로소 대한민국은 세계가 부러워할 선진국이 완성될 것이라고 확신한다.

선진문명의 모방이 아니라, 지구촌을 균형 있게 바라볼 수 있는 안목을 길러라!

요즘 청소년들에게 반기문 총장과 한비야 단장은 인기 만점이다. 세계무대에서 한국인으로서 당당하게 인정받고 있기 때문이다. 이제 한국은 과거의 한국이 아니다. 청소년들의 눈에는 세계가 무대로 보인다. 얼마나 희망적인 이야기인가. 이 희망의 분위기를 타고 세계 곳곳에서 활동하고 있는 한국 사람들의 이야기가 청소년들에게 많이 전달되기를 소망해 본다.

그동안 우리는 미국과 유럽 그리고 일본에 주로 관심을 두어 왔다. 개발도상국의 입장에서 선진국을 벤치마킹해야 했기 때문이다. 그러나 이제는 달라져야 한다. 우리가 세계에 줄 것을 생각해야 한다. 지금이 받은 데에서 주는 쪽으로 턴해야 하는 시점이기 때문이다. 이것은 선진국으로 도약하는 기회이기도 하다. 그러자면 앞으로 우리가 관심 가져야 할 나라들이 달라져야 한다. 한국을 배우려는 동남아 국가들과 중동이나 남미 그리고 아프리카 등 그동안 외면했던 나라들에 대해서 적극적으로 배워야 한다. 그들을 알아야 그들이 무엇을 필요로 하는지 알고 줄 수 있기 때문이다.

중학교 2학년 학생들과 멘토링 수업시간에 나눈 대화 내용이다.

필자   만약 여러분들이 유학을 간다면, 어느 나라에 가고 싶어요?

학생1 미국으로요.

필자   왜죠?

학생1 저는 뇌 과학 분야에 관심이 많은데, 아무래도 미국이 가장
       앞서 있을 것 같아서요.

학생2 저는 프랑스로 갈 거예요. 저는 패션디자이너가 되고 싶은데,
       패션 하면 프랑스잖아요.

학생3 저는 일본으로 갈래요. 만화가가 꿈이거든요.

학생4 저는 스웨덴으로 가고 싶어요. 그쪽이 사회복지가 잘 되어 있
       다고 해서 공부해 보려고요.

학생5 저는 중국으로 가고 싶어요. 요즘 중국이 뜨고 있잖아요.

필자   좋아요. 여러분 가운데 혹시 베트남이나 이디오피아로 유학
       갈 친구는 없나요?

학생들 하하하…….

　학생들은 배꼽을 잡고 웃었다. 유학이라고 하면 당연히 우리보다 더
우수한 나라에 가서 더 나은 것을 배우는 것이라고 생각해 왔는데,
뜬금없이 이디오피아를 들먹였기 때문이다.

　글로벌 독서의 핵심은 선진문명의 모방이 아니라 지구촌을 균형 있
게 바라볼 수 있는 안목을 기르는 데 있다. 따라서 글로벌 독서활동
에 앞서서 세계 각국의 역사와 문화에 대해서 편견은 없는지 충분한
검토가 필요하다. 동일한 텍스트라 하더라도 어느 입장에서 보느냐
에 따라 상반된 결과를 낳을 수 있기 때문이다.

나만의 글로벌의식을 점검해 보자.

첫째_ 나는 인종에 대해서 차별의식이 없는가?

둘째_ 나는 종교에 대해서 자유로운가?

셋째_ 나는 타문화에 대해서 포용적인가?

넷째_ 나는 나와 다른 이념에 대해서 관대한가?

다섯째_ 나는 빈부에 따라서 사람을 대하지 않는가?

여섯째_ 나는 민족에 대한 우월의식이나 열등의식이 없는가?

일곱째_ 나는 외국어에 대해서 편견 없이 잘 수용하는가?

여덟째_ 나는 국제결혼이나 다문화가정에 대해서 호의적인가?

아홉째_ 나는 글로벌 시민의식을 갖추기 위해 항상 노력하는가?

열째_ 나는 세계무대에서 대한민국을 당당하게 알릴 자신이 있는가?

엘리베이터에서 마주치면 눈길 한번 주지 않고 시선을 피하거나, 직접 만나 터놓고 이야기하는 게 좋다며 외국 기업의 사무실을 불쑥 찾아가는 한국인의 모습. 이러한 것들이 서양인들에게는 상대방을 고려할 줄 모르는 무례한 태도로 비쳐질 수 있다. 우리가 글로벌 비즈니스에 성공하기 위해서는 서양인과 한국인 사이에 존재하는 문화와 사고의 차이를 고려해야만 한다.

수지임 『So What! 쏘왓! : 한국인만 모르는 글로벌 비즈니스 마인드』 중에서

책 속 멘토와 대화 나누기

글로벌

『무탄트 메시지』 말로 모건

내용 요약

호주 원주민의 자활을 위해 활동하던 저자는 참사람 부족의 대륙 횡단 모임에 초대받는다. 원주민과 똑같은 방법으로 먹고 살며 건조한 사막을 맨발로 걸으면서 놀라운 이들의 삶에 동화된다. '무탄트'는 돌연변이란 뜻이다. 이들이 문명인을 일컫는 말이다. 참사람 부족은 백인들이 자신들에게 행한 잔인한 행위를 심판하지 않는다. 기도를 통해 고통과 박탈감에서 벗어나 자유를 얻고 그들도 그것을 얻기 바랄 뿐이다. 철없는 어린아이의 치기를 보듯 무탄트들의 탐욕을 안타까워하면서 말이다. 그들의 삶은 단순하다. 먹을 것이 필요하면 기도로 응답받는다. 동물 스스로가 기도의 응답이 되어 먹잇감이 되려는 선택을 한다는 것이다. 그래서 부족의 눈에 띄도록 주변으로 찾아온다고 믿기 때문에 감사 예식을 올린다. 뼈가 부러진 부족사람을 치료하는 데도 하루면 족하다. 자연에서 얻은 치료제와 간절한 마음 그리고 환자 자신의 몸이 정상이라는 믿음이 기적을 낳게 하는 것이다. 의사로서 믿을 수 없는 참사람 부족의 치유행위에 저자는 기계적 치료에 머물고 있는 자신과 현대의학의 한계를 고민한다.

그들에게는 특별한 생일개념이 있다. 새로운 가치를 깨닫는 그 순간이 생일이다. 나이는 아무 노력 없이 저절로 먹는 것이니 무탄트들의 생일은 의미가 없다고 한다. '위대한 돌 수집가', '꿈을 붙잡는 사람', '영적인 여자' 그들의 이름이다. 자신이 가진 재능이 곧 자신의 정체성인 이름이 된다. 언어도 최소한이다. 멀리 떨어진 사람과 침묵의 텔레파시로 교감하기 위해 되도록 말을 줄인다. 표정으로 상대의 의도를 알아낸다. 언어는 가장 미개한 소통 도구이기 때문이다. 그들은 무탄트의 문명 세상을 비판하지 않는다. 다만 그것이 지구상에 존재하는 모든 생명들에게 이로울 때만 의미가 있음을 깨닫기 바랄 뿐이다.

인상 깊었던 부분과 그 이유

이해할 수 없다는 것은 명확한 자기만의 기준을 세우고 틀을 벗어나지 않고, 타자를 그 안에 들이지도 않기 때문에 생기는 충돌이다.

'불유쾌하다는 이유만으로 제대로 이해하지 않고 없앤다면 인간은 존재할 수 없습니다.'

그저 인간은 파리가 제 일을 하도록 몸을 내 맡기기만 하면 된다는 이유로 참사람 부족은 파리 목욕을 한다. 귓속으로 들어가 귀지를, 콧속으로 들어가 이물질을 제거하는 파리. 그들은 몸의 구석구석을 돌아다니며 노폐물을 없애주는 파리에게 감사해한다. 파리 역시 배불리 먹을 것을 제공하는 인간에게 감사할 것이다. 그래서 작가는 깨달았다. 맞닥뜨리는 모든 일의 긍정적인 측면을 보는 법을 말이다. 동물이 존재하는 이유는 인간의 친구가 되기 위해서이며, 대기의 균형을 잡아주고, 때론 인간의 본보기가 되는 스승 역할을 하기 위해서라는 참부족 원주민의 자연관이 우월감에 사로잡혀 있던 나의 뒤통수를 때린다. 인간의 먹이가 될 것인지의 선택 역시 식물이나 동물 스스로 결정하기 때문에 그들은 감사할 따름이라고까지 말하는 걸 보면 문명사회의 자연친화적 변화가 늦긴 했어도 반가운 글로벌 의식이다. 모든 존재하는 것들의 다름을 존중하고, 서로 살리는 관계에서 쉼 없이 주고받는 상생의 삶은 참사람 부족이 돌연변이 무탄트에게 전하는 메시지이다.

글로벌 의식과 관련해 자기 생각 펼치기

요즘은 다양성을 인정하고 상대에 대한 다름을 수용할 수 있는 분위기가 정착되어 가고 있다. 경제력과 기술력이 앞서 나가고 있어 많은 사람들의 의식이 선진화되어 가고 있는 덕분이다. 기술이 사람의 의식을 좌우한다는 말처럼 인간을 위한, 인간에 의한, 인간의 기술인 것이다. 새로운 기술을 창출하되 참사람 부족의 당부대로 모두를 위한 기술개발이 우리 주변의 삶의 질을 높여가고 있어 글로벌 사회로 진입하고 있다고 생각한다.

이 시점에서 참사람 부족이 살아가는 방식에서 배워야 할 점이 몇 가지 있다.

첫째는 자기 주도성이다. 그들은 개개인이 가진 재능을 개발하는 것이 살아가는 중요한 이유다. 무리 안에서 반드시 자신의 몫을 채우기 위한 준비를 해 두는 것이다. 사냥할 때는 사냥에 재능 있는 자가 리더가 되고, 치료에 능한 사람은 치료의 몫을, 바느질에는 또 그 재능으로 무리를 이끌어야 할 때가 있으니 말이다. 둘째는 창의 역량을 키우는 일이다. 이들의 삶은 자유롭다. 제도화된 교육도, 정치이념도, 거대 이론도 없다. 다만 새롭게 맞닥뜨리는 상황을 이해하기 위해 침묵과 명상을 하며 '모든 생명에게 이로운' 선택에 대해 고민하며 의미를 부여해 또 다른 방법으로 대상을 살리는 지혜를 찾아낸다. 셋째는 배려 역량이다. 이들의 삶 자체는 함께 살리는 삶이다. 주도적인 자기 몫을 개발하는 것도 창의적인 의미를 두는 것도 모두 영원한 것들을 영원하게 하기 위한 배려이다.

인류는 지금 최고의 과학기술을 가지고 있고 의식도 높은 수준이다. "세계 모든 사람이 자신을 표현하고, 자신의 가치를 발견하고, 편안한 안식처와 그 이상의 모든 것을 누릴 수 있게 해 주는 지식을 갖고 있다. 우리가 원하기만 하면 그렇게 할 수 있다는 것이다."라고 말한다. 돌연변이(기본 구조에서 어떠한 변화를 일으켜 본래의 모습을 상실한 존재)이지만 본래 형상을 회복하고 있는 마지막 단계에서 '마음먹기' 는 우리 모두를 참사람으로 거듭나게 하는 계기가 될 것으로 믿는다.

내가 읽은 글로벌 독서

주요내용:

인상 깊은 부분과 이유:

나의 글로벌의식과 관련해 더 관심 갖게 된 분야(부분):

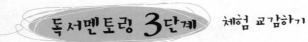

생각을 온몸으로 체감하기

체험 교감

☺ 길거리 외국인과 인터뷰하기

☺ 다문화가정 방문 인터뷰하기

☺ 새터민 가족 방문 인터뷰하기

자기비전 디자인하기

나의 글로벌활동과 관련해 독서 포트폴리오 만들기

독서 포트폴리오

😊 이 책을 읽게 된 동기, 계기를 나의 글로벌활동과 관련해 적어 보자.

- -
- -

😊 이 책의 줄거리를 간략하게 소개하고, 특히 인상 깊었던 부분과 이유를 나의 글로벌 활동과 관련지어 정리해 보자.

- -
- -

😊 이 책을 접하기 전과 후의 변화과정을 나의 글로벌활동과 관련지어 정리해 보자.

- -
- -

😊 이 책에 대한 평가와 이 책을 통해 더 관심 갖게 된 분야, 그리고 더 읽어 보고 싶은 책을 나의 글로벌 활동과 관련지어 정리해 보자.

- -

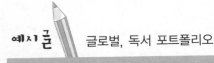

『지식 e 1』 EBS 지식채널

동기

 EBS 텔레비전 프로그램 중에 멋진 영상과 짧은 멘트, 그리고 뭔가 호소하고 있는 듯한 내용의 프로그램이 있다. 약 10분 이내의 짧은 시간에 강력한 시사적 이야기가 담겨 있는데 보고 나서도 한참을 생각하게 만든다. 인상 깊게 남아 있었지만 시간 맞추어 보기가 힘들기 때문에 아쉬웠는데 책으로 엮어 나온 것이다. 반가운 마음에 바로 사서 읽었다. 역시 영상 못지않게 깊이 있고 감동적인 내용들이 많이 담겨 있었다.

줄거리와 인상 깊었던 부분

 이 책의 대부분에 해당하는 내용은 우리가 알고 있는 지식이 아닌, 알아야 할 숨겨 놓은 지식을 밝히고 있다. 인디언들이 미국인들에 의해 잔혹한 수난을 당한 사건, 커피 한 잔에 얼마나 피와 땀이 들어 있는지에 대한 사실적인 이야기, 축구공 하나에 담겨진 어린아이들의 노동력 등등. 짤막한 사실들을 사진과 함께 기록해 두고 있다. 단일민족이라는 우월감을 가진 우리가 '혼혈'에서 '다문화 가정의 코시안'에 이르기까지 일그러진 역사도 서술하고 있다. 사실 진정한 단일민족은 존재할 수 없는데도 국가적으로 교육을 통해 주입했던 신념들이 오늘날 사회문제가 되고 있다는 내용이 수록되어 있다. 〈수요일엔 빨간 장미를〉편에는 위안부 할머니들의 수요집회를 소개했고, 농가로 내려와 가축을 습격하는 수리부엉이와 재산을 지키려는 농민들의 투쟁이 소개된 면에는 눈물을 흘리며 죽어가는 야생동물의 모습이 가슴을 아프게 한다.

이 책에서 인상 깊었던 부분은 〈히잡〉편이다. '어째서 우리의 삶을 당신들이 결정하는가?' 라는 문구가 나의 고정관념을 깨뜨렸던 것이다. 이슬람 세계는 테러나 폭력, 전쟁으로 대표되는 나라로 알고 있다. 히잡은 여성의 성욕을 억압하기 위한 도구로, 이슬람 세계에서 알라가 명령한 기본복장으로 간주되고 있다. 종교라는 이름으로 여성들이 남성들에 의해 삶이 지배되기 때문에 여성 인권이 짓밟힌 세계라고 비난받기도 한다. 그러나 유럽 여러 나라에서 공공장소에서 히잡 착용을 반대하는 법이 제정되자 완강하게 반발했다는 것이다. 이슬람 안에서도 히잡에 대해 거부하는 움직임이 일어나고 있기는 하지만 이들은 자신들의 문제를 스스로 해결하길 원한다. 종교적 신념에 의해 히잡을 고집하는 사람들도 있기 때문에 외부에서 자신들에 대한 깊은 이해 없이, 단지 겉으로 드러난 이유 때문에 간섭받고 제한받지 않으려는 자존감을 볼 수 있었다. 문화는 소리 없이 사람들을 사로잡는다. 결코 권력이 있거나 한쪽 편의 강요에 의해 바꿀 수 없는 것이다. 필요에 의해 자연스럽게 소리 없이 변하는 것임을 이해해야 한다.

이 책을 읽고 변화된 생각

이 책에서 말하는 '지식'은 우리가 시험공부를 하기 위해 익히는 지식이 아니다. 오히려 반 교과서적인 문제를 다루고 있다. 과거에 있었던 객관적이고 공정한 사실 기록을 다룬 것은 교과서이고, 현재 벌어지는 약자의 사실 기록은 『지식 e』에서 다룬 지식이라 할 수 있다. 내가 착각한 것은 '나에게 이익이 되는 것이 옳은 것'이라고 생각하고 있었다는 것이다. 경제력이 높은 나라들의 문화나 전통을 훌륭한 것, 본받아야 할 것으로 생각하고 고집스럽게 자신들만의 전통을 지키려는 자를 안타깝고 바보스럽게 여기고 있었다. 낯선 것은 잘못된 것, 우리와 다른 것은 비정상적인 것으로 여기고 있는 사실들을 이 책은 정확히 짚어내 비판하고 있다.

　이런 생각은 우리 스스로도 발등을 찍는 결과를 낳는다. 우리끼리도 조금 다르면 이상하게 보고 손가락질한다. 세상에는 별의별 사람들과 특이한 생각들이 난무하는데도 말이다. 사람은 자기가 경험한 것들 안에 갇혀서 그 밖의 것을 보지 못하는 어리석은 존재라는 글을 읽은 적이 있는데, 이제야 이 말이 무슨 말인지 이해가 간다. 그래서 나는 우선 나와 대립하는 생각을 가진 사람들에 대해 '왜 그런 생각을 하지?' 하는 이유를 들어주는 여유를 가져서 이해심을 키우려 노력하고 있다. 내 생각이 옳다고 단정 지어서 다른 생각을 가진 상대에게 성급하게 반박하려고만 하지 않았더니 상대방도 내 생각에 귀를 기울여주는 반응을 보였다. 이렇게 서로를 알아가면 싸울 일은 생기지 않을 것이다. 특히 지구촌이라는 한 마을로 민족도 인종도 빈자와 부자도 한 마을 안에서 서로 공동체의식을 가지고 살아야 하는 지금, 세상에서 특히 상대방을 이해하려는 마음은 아주 중요한 척도가 되어야 한다.

　『지식 e』 시리즈는 5권까지 나와 있다. 모두 우리가 살고 있는 사회의 뒷면과 숨겨진 진실을 드러내고 있기 때문에 더 읽어 두고 싶은 책들이다.

『십시일反』손문상 외 1편

입학사정관전형 −사회과학부 지원자−

'인간은 권리에 있어서 자유롭고 평등하게 태어나 생존한다.' 프랑스 인권 선언문 제1조의 내용입니다. 인권의 평등을 강조한 이 조항에서 저는 새삼스레 우리나라의 인권 보장에 대해 생각해 보게 되었습니다. 하지만 제 머릿속에 떠오르는 인권 보장에 대한 생각은 그동안 언론에서 보고 들었던 피상적인 것들뿐이었습니다. 그러던 중 국가인권위원회가 기획한 『십시일反』이라는 책을 접하게 되었습니다. 이 책은 주류사회가 우리 사회 곳곳에 있는 소외 계층(외국인노동자, 동성애자, 트렌스젠더, 장애인) 등에 가하는 인권 차별의 생생한 모습을 담고 있습니다. 배가 유별나게 나온 사장이 비정규직 직원을 바라보는 그림에서는 핏방울과 함께 목이 잘린 사람들이 걸어가는 모습이 나옵니다. 비인간적이고 살벌한 그림 두 컷에는 적나라한 우리 현실을 담아, 대학입시를 코앞에 둔 저로서는 '취업'이라는 기대에 불안한 안개가 끼는 것처럼 마음이 무거웠습니다.

소수자에게 유달리 냉담한 집단주의 성향이 있는 우리 사회는 장애인에 대한 대우도 서늘하게 합니다. 콩 한 쪽도 나눠먹는 인정 많은 민족이면서도 나와 조금 다르다고 인정사정없이 배척합니다. 장애를 가진 주인공은 삶이란, 눈을 뜨면서부터 잠이 들 때까지 온갖 장애물과 싸우지 않으면 안 되는 장애물 경주라고 하소연합니다.

그동안 너무도 당연하게 여겨져서 차별인지 몰랐던 여러 가지 사회의 관습들, 우리나라에 와서 궂은 일만 도맡아하는 외국인 노동자에 대한 노골적인 무시, 그리고 몸이 불편한 장애인들에 대한 우리들의 무관심을 보면서 성별, 인종, 재산 같은 사람의 겉으로 드러나는 면만을 보고 한 인간을 판단하는 우리 사회의 잘못된 인권사상을 느끼게 되었습니다.

뿐만 아니라 제 자신도 차별을 하지 않겠다고 마음속으로 수없이 다짐을 하면서도 백인에게는 호감을 가지게 되고, 흑인에게는 불쾌감을 가졌습니다. 거리에 외국인 노동자들이라도 지나가면 가난한 나라에서 우리나라에 돈벌러 온 아주 하층의 사람들로 여기며 멸시의 눈길을 보냈던 저의 생각과 행동들을 이 책을 읽고 반성하게 되었습니다.

우리나라의 차별 없는 인권 보장을 위해서는 국가적 정책이 필요합니다. 그러나 근본적으로 국민들의 의식이 바뀌지 않는다면 진정한 인권 보장은 이루어지지 못할 것입니다. 인권은 차별의식을 없애는 것에서부터 나오므로 저부터라도 소외 계층의 사람들을 무조건 차별하는 것이 아니라, 이해하고 포용하려는 자세를 가져야겠다고 결심했습니다. 모든 사람이 이러한 노력을 하게 된다면 우리 사회는 차별 없는 인권 보장이 이루어질 것입니다.

『국화와 칼』루스 베네딕트

일본의 문화가 궁금해서 이 책을 접하게 되었습니다. 일본의 어머니는 용변을 가리지 못하는 아기에게 용변 가리는 법을 용서 없이 가르칩니다. 이와 같이 용서 없는 훈련을 통해서 갓난아이가 배우는 일은 성인이 된 다음에 일본문화를 보다 복잡 미묘한 강제력에 따르는 기초가 된다는 것입니다. 또한 가정에서 윗사람에게 무조건적인 순종의 의미가 이들에게는 예의로 자리 잡혀 있습니다. 이런 교육이 지금의 일본 문화를 형성하는 계기가 된 것 같습니다. 한 나라의 문화를 이해한다는 것은 책 한 권으로는 부족하겠지만, 일본을 이해하는 데 어느 정도 도움이 되었습니다.

『세계문화전쟁』강준만

– 입학사정관제 멘토링 지도사 –

요즘은 많은 곳에서 '글로벌'이란 단어를 보게 된다. 인터넷으로 세계의 뉴스와 정보를 접할 수 있게 되었고, 영어는 어디에서나 통용되는 글로벌 언어가 되었다. 한류라는 단어가 생겨나듯이 우리도 한몫 하려고 노력 중이다. 이 와중에 이 책은 전쟁이란 단어를 쓰면서 세계현상을 접근하고 있어서 나의 궁금증을 자극해 왔다.

미국의 무역적자, 그리고 최근 중국의 급속한 부상과 뉴욕발 글로벌 금융위기 등은 그동안 초강대국의 지위를 지켜온 미국의 힘을 많이 약하게 만들었다. 미국의 군사력과 경제력 같은 하드파워는 분명 과거에 비해 많이 약해졌지만, 미국의 가치관, 정보통신, 교육, 문화의 수출과 같은 소프트파워는 미국을 여전히 문화제국으로서 세계를 지배하게 하고 있다. 영화, 글로벌 미디어 등을 이끌고 있는 미국의 문화제국주의에 맞서 세계 각국이 자국 문화의 보전과 자국의 이익을 위해 지난 10여 년간 벌여 온 문화전쟁을 12개의 주요 현상에 대해 여러 사례와 함께 다룬다.

미국이 전 세계의 대중문화를 석권하게 된 배경으로 세계적인 경제력, 문화에 대한 국가적 지원, 각 부문 간 시너지 효과, 이민문화, 철저한 상업화, 그리고 세계어가 된 영어 등을 든다. 이는 결국 전 세계적 차원에서의 문화전쟁을 촉발했다.

1997년 중국에 진출한 한국의 TV드라마가 선풍적인 인기를 끌면서 시작된 한류(韓流)는 겨울연가, 대장금 등으로 이어졌고 한때 아시아가 온통 한류 열풍에 휩싸이기도 했다. 그러나 그 열풍이 이제 퇴조하고 있다. 문화는 서로 다투는 대상이 아니라 무엇보다도 소통과 공감이 중요한데, 그동안 우리는 한류 열풍을 문화강국으로 이어가자는 민족주의 감정과 경제적 이익에 사로잡혀 타문화에 대한 이해와 소통하려는 쌍방향 노력이 부족했다.

최근 일부 아시아 국가들에서 급격하게 확산되고 있는 반 한류의 정서는 이러한 소통과 공감의 부재에서 오는 필연적 결과라고 저자는 말한다. 오늘날 문화는 더 이상 민족적 유산일 수 없으며 그 국경은 무너졌다. 전 세계 젊은이들이 동시에 즐기고 느끼는 새로운 '이데올로기'가 탄생한 것이다. 서로의 문화를 향해 소통하고 공감하는 것이 이상적이지만 현실적으로 각국이 벌이고 있는 치열한 문화전쟁의 실상을 객관적인 시각으로 보여주고 있다 지금의 미국 중심의 글로벌전쟁을 한국중심의 글로벌전쟁으로 바뀌도록 청소년의 힘을 발굴해 보고 싶어졌다. 전 세계가 서로 소통하고 공감하는 한류의 발전과 함께 한국어가 세계어가 되도록 우리 청소년의 창의력과 하고자 하는 열정을 바로 이끌 수 있었으면 한다.

저자는 12개의 문제적 질문으로 대중문화, 미드, 스티브잡스, 구글, 위키피디아, 인터넷, 한류 등과 그에 대한 답변으로 이 책을 기술하면서 최근에 일어나고 있는 세계 문화전쟁 10년 역사를 보여준다. 미국이 어떻게 세계문화를 선점했는지, 그것에 대한 세계 각국의 대응과 투쟁을 다루고 있으며, 우리의 일상적 삶을 어떻게 바꾸고 있는지에 대한 안목을 키워준다. 아직은 힘이 부족한 한국이지만 이 책을 통해 우리 청소년들이 세계를 다시 보고 생각할 수 있었으면 한다.

더 읽어 볼 책

도서명	저자
마을이 학교다	박원순
문화지능	브룩스 피터슨
세계를 움직이는 다섯 가지 힘	사이토 다카시
지식의 통섭	최재천, 주일우
위키노믹스	돈탭스코트 앤서니윌리엄스

COMMUNICATION

::Chapter 10

커뮤니케이션, 독서 포트폴리오

21세기 미디어 시대는
자기표현 역량이 절대적으로 필요하다.

필자는 멘토링이나 포트폴리오지도사과정을 진행할 때 수강생들에게 먼저 과제를 내주고 그 과제물을 가지고 수업을 진행한다. 기존의 일방향 교육의 틀을 깨고 쌍방향 교육으로 전환하려는 것이 그러한 수업방식을 택한 이유다. 그리고 입학사정관제에서는 자기 사생활 드러내기 훈련이 중요하기 때문이기도 하다. 즉, 형식은 쌍방향교육이며 내용은 자기정체성 표현교육이다. 그런데 수강생들은 의도는 찬성하면서도 과제참여율은 낮은 편이다. 10차 강의 진행 중 3차시까지는 과제물의 존폐문제로 실랑이를 벌인다. 하지만 마지막 시간 강의평가에서는 그동안 과제물에 대한 스트레스는 있었지만 너무 행복한 공부였다고 이구동성으로 말한다.

성인들인데다 학점을 따야 하는 강제성도 없고 더구나 인기를 가지고 먹고살아야 하는 필자의 입장에서는 이러한 강좌진행은 만만치 않은 도전이다. 그럼에도 불구하고 이러한 시도를 고집하는 이유가 있다. 21세기 미디어시대는 자기표현역량이 절대적으로 필요하기 때문이다. 기존의 우리 문화와 교육은 자기를 드러내는 것에 큰 가치를 두지 않았다. 도리어 잘난체하는 것으로 비추어져 따돌림의 대상이 되기도 했다. 그러나 통신미디어의 발달은 정보와 정보의 소통을 통해 새로운 가치를 창조하는 web2.0시대를 이끌고 있다. 따라서 자기 정보를 발견하고 개발하며 적절하게 표현하는 훈련도 중요한 학습으로 인식해야 한다.

그렇다면 무엇으로 어떻게 자기표현역량을 기를 수 있을까? 필자는 포트폴리오 글쓰기를 권하고 싶다. 포트폴리오 글쓰기는 자기 꿈과 관련지어 하루하루를 주도적으로 살도록 자극하는 힘이 있기 때문이다. 첫째는 학습일기 포트폴리오 글쓰기다. 이순신이 난중일기를 썼듯이 학생들은 배움의 전쟁터에서 하루하루 계획하고 느끼는 바를 자유롭게 기술하는 것이다. 거기에는 꿈에 대한 고민과 함께 교과활동과 창의적 체험활동 그리고 학교생활, 인간관계 등 나만의 학창시절의 모든 역사를 기록한다. 이순신이 고독한 시련을 견딜 수 있었던 것 가운데 하나는 일기쓰기가 아니었나 하는 생각이 든다. 일기는 가장 정직한 자신과의 대화이기 때문이다. 우리 교육환경에서 고3을 거쳐 대학까지 진입하기 위해 넘어야 할 산이 하나둘이 아니다. 어려움이 닥칠 때마다 일기장을 펴고 오늘 이 순간의 고통의 역사가 훗날 나를 빛나게 할 사건일 것이라고 기록하는 습관을 가져 보자.

둘째는 정보 포트폴리오 글쓰기다. 나의 꿈을 키우고 확장하며 구체화하는 작업이다. TV · 신문 · 인터넷 · 잡지 등의 매체나 가족, 이웃, 사회 등의 삶의 모습이나 이야기 속에서 내가 관심 있는 부분을 캡처한다. 그런 다음 정리할 때는 그 정보를 선택한 동기를 자기 꿈 비전과 관련지어 적는다. 그리고 캡처한 정보를 필요한 부분만 간략히 정리한다. 다음은 그 정보를 통해 변화한 나의 마음, 생각, 행동을 정리한다. 마지막으로는 그 정보에 대한 평가와 함께 더 관심 가지게 된 부분을 찾아 정리한다.

셋째는 독서 포트폴리오 글쓰기다. 일주일에 한 권 이상의 책을 선정해 읽은 다음 포트폴리오 형식에 맞추어 정리하는 것이다. 즉, 꿈 비전과 관련해 이 책을 읽게 된 동기를 쓰고 다음은 간략한 책 내용의 정리 그리고 특히 인상 깊게 읽은 부분과 이유를 적은 다음 책 읽은 후의 변화를 쓰고 마지막으로 책에 대한 평가와 이 책을 통해 더 읽어보고 싶은 책 소개 등을 중심으로 정리한다.

넷째는 각종체험활동 포트폴리오 글쓰기다. 봉사활동, 대회활동, 동아리활동, 연구활동, 취미활동, 임원활동 등 아무리 사소한 것도 포트폴리오 형식에 맞추어 정리하는 습관을 들이자. 사실 포트폴리오 글쓰기는 일정한 형식이 없다. 포트폴리오 글쓰기는 스펙관리의 차원을 넘어서서 자기의 내공을 기르는 도구이기 때문이다. 입학사정관이 평가하고자 하는 것은 드러난 스펙이 아니라, 그 안에 담긴 잠재가능성이라는 사실을 기억해야 한다.

인식은 대화를 통해 형성되고 대화를 통해 바뀐다. 소통이 중요한 이유가 여기에 있다!

　입학사정관제는 서류와 면접전형이다. 필기시험에 익숙해져 있는 학생이나 학부모들은 특히 면접시험에 걱정이 많다. 서류제출을 마치고 면접을 고민하는 고3 학생과의 면담 이야기다.

학생 입학사정관제 면접에서는 무엇을 어떻게 평가하는 거죠?

필자 대개는 먼저 그 학생이 제출한 서류와 학생부 그리고 추천서 등을 가지고 꿈 비전과 관련해 무엇을 어떻게 준비해 왔는지를 묻습니다. 다음은 토론면접을 통해 그 학생의 인성과 리더십 등을 평가하죠. 어떤 학교는 지문을 주고 정리해서 답하도록 하기도 합니다.

학생 저는 이공계라서 발표활동을 할 기회가 적어서 그런지 면접이 두려워요. 스피치학원이라도 다녀야 할까요?

필자 입학사정관제 면접은 성적으로 평가할 수 없는 잠재가능성을 평가하는 시험이지 말솜씨를 보고자 하는 것은 아닙니다. 말을 더듬거리더라도 진정성을 가지고 정성껏 답하는 것이 중요합니다.

학생 그럼 면접에서는 내 자랑을 충분히 하면 되나요?

필자 내가 하고 싶은 말을 한다기보다는, 평가자가 듣고 싶은 말을 충실히 해야죠. 면접은 내 개인적인 이야기를 나누는 대화가 아니라, 수능을 통해서 학업능력을 평가하듯이 눈에 보이지는 않지만 미래에 잘할 수 있는 능력을 객관적으로 평가하는 시험이기 때문입니다.

학생 면접관마다 생각이 다를 텐데, 면접으로 객관적인 평가가 가능할까요?

필자 무엇을 객관으로 보느냐에 따라 답변이 달라질 수 있겠는데요. 우리나라는 면접평가에 대한 역사가 짧아서 여러 가지 미흡한 점이 있지만, 그래도 국한된 지식을 평가하는 지필평가보다는 한 사람의 능력을 다면적으로 검토해 주는 면접이 훨씬 더 객관적인 평가라고 생각해요. 어느 대학에서 입학사정관제 집단면접을 마치고 나서 함께 참여했던 수험생들에게 그 가운데 누가 합격할 것으로 예상하느냐는 비밀투표 방식의 실험을 했다고 합니다. 결과는 90%가 적중했다고 합니다. 이 말은 수험생 개개인들이 각자 꿈을 향해 걸어 온 것들을 같이 공개하고 비교해 보니 누가 더 진정성을 가지고 땀을 많이 흘렸으며 전공분야에 대한 애정과 열정 그리고 잠재력과 인성, 리더십을 갖추었는지 객관적인 확인이 가능하다는 증거입니다.

학생 이제 조금 감이 잡히네요. 그런데 이야기를 듣다 보니 입학사정관제 면접은 하루아침에 되는 게 아니라는 생각이 드네요. 사실 저는 표현능력도 부족하지만 제 자신에게 당당할 만큼 꿈을 위해 노력한 게 없다는 것이 더 큰 문제라는 것을 알았습니다.

입시준비만이 공부라는 인식, 지필시험만이 성적이라는 인식, 대한민국은 어쩔 수 없다는 인식, 나에게 유리해야 OK라는 인식 등은 서서히 저물어가고 있다. 인재에 대한 평가기준이 달라지기 때문이다. 인식에 눈을 떠야 리더가 될 수 있다. 리더는 환경의 변화를 먼저 감지해야 하기 때문이다. 인식은 대화를 통해 형성되고 대화를 통해 바뀐다. 소통이 중요한 이유가 여기에 있다. 따라서 이제 밀실의 시대는 끝났다. 나를 광장으로 끌어내야 한다. 이것은 당위의 문제가 아니라 생존의 문제다. 살기 위해서는 소통해야 한다.

커뮤니케이션 독서에 앞서서 나를 둘러싼 소통의 환경을 검토해 보자.

첫째_ 나는 상대방에게 먼저 인사하는가?

둘째_ 나는 하루에 한 끼는 가족과 함께 식사를 하는가?

셋째_ 나는 거실에서 텔레비전시청보다는, 가족들과 대화를 더 많이 하는가?

넷째_ 나는 강의를 들을 때 한 번 이상은 질문을 하는가?

다섯째_ 나는 휴대폰문자를 받으면 반드시 답변을 하는가?

여섯째_ 나는 대화할 때 상대방에게 먼저 이야기하도록 배려하는가?

일곱째_ 나는 일기쓰기가 즐거운가?

여덟째_ 나는 카페나 블로그에 글을 자주 올리는가?

아홉째_ 나는 단체모임이나 많은 사람들 앞에서도 할 이야기를 다 하는가?

열째_ 나는 표현능력을 기르기 위해 의도적으로 노력하고 있는가?

"글쓰기도 그러하다. 자기가 살아 있음을 증명받고 싶어 글을 쓰고, 내 삶을 나 스스로에게 증명해 주고 싶어 글을 쓴다. 객관적으로 볼 때 별로 잘나지도 않은 자기 얼굴과 자기 몸매에 반해 사는 그 미친 짓이 없다면 이 세상을 무슨 재미로 살 것인가."

"모름지기 글을 잘 쓰려면 마음속에 착함과 진실됨이 담겨 있어야 한다. 다음은 글쓰기에 미쳐야 한다. 미친다는 것은 그것이 아니면 죽는다는 생각으로 매진한다는 것이다. 글을 쓰되 그 글을 자기 생명처럼 사랑해야 한다."

"기억력이 뛰어나고 늘 정확한 사고만 하는 사람의 머리에서는 문학적인 상상력이 일어나지 않는다. 과일이 썩지 않으면 술이 될 수 없듯이 어떤 생각이 기억 속에서 썩어 없어지지 않으면 문학이 될 수 없다."

한승원 「한승원의 글쓰기비법 108가지」 중에서

책 속 멘토와 대화 나누기

『유정아의 서울대 말하기 강의』 유정아

내용 요약

작가는 유독 '말하기'의 중요성을 강조한다. 말하기를 폄하하는 우리 사회의 정서가 오히려 소통을 막는다는 진단이다. 잘 듣는 것이 잘 말하는 것의 첫걸음이라는 저자는 말하기의 기본, 정보 스피치와 설득 스피치의 기법을 현장 경험을 토대로 자세하게 풀어 놓았다. 인터뷰할 때 훌륭한 질문이 훌륭한 대답을 이끌어낼 수 있다는 충고와 상대방을 비판하기보다 마음을 얻는 것이 진정한 토론이라는 견해를 통해 말이라는 것이 마음을 담는 그릇임을 깨닫게 하기도 한다. 자신의 생각을 회의하고 성찰하고, 점검해 본 사람만이 신뢰를 얻을 수 있으며 '말할 만한 사람'임을 강조하며 각 단락마다 간략하게 키포인트로 정리해 읽고 난 후 주요한 부분을 다시 점검하게 하는 친절한 배려도 한다. 강의 개설 이후 신청자가 몰려 말하기를 배우고자 하는 학생들의 욕구를 제한해야 하는 정도라면 저자의 표현은 신뢰를 얻고 있지만, 대부분의 학생들은 표현한다는 것이 어려운 일임을 실감하고 있다는 반증이다. 자신 안에 있는 것을 밖으로 끄집어내는 것이 익숙지 않은 탓일 텐데 그렇다면 말을, 표현을 가로막는 것은 무엇인가? 저자가 묻는다.

인상 깊었던 부분과 그 이유

말하기 가운데 가장 중요한 것은 상대와 소통을 하기 위해 설득의 단계가 필요한 부분이다. 대체로 우리는 내가 말하는 것을 상대가 의심 없이 따라주기를 바란다. 비판이나 반론을 제기할려고 하면 벌써 심정이 상해서 말다툼으로 진행되기 일쑤이다. "내가 그렇다면 그런 거지, 웬 말이 그렇게 많아."라는 식이다. 특히 윗사람들과 대화에서는 그 정도가 심해 마음 상하는 것을 경험해 본 사람이 많을 것이다. 소통의 방식이 일방적인 환경에서 고약한 습성으로 굳어져 버린 것이다. 게다가 고스란히 세습되어 시집살이 모질게 한 시어머니가 며느리를 또 그렇게 시집살이 시키듯 여전히 반복되고 있어 말하기를 꺼려하게 만들고 마는 것이다. 지성을 갖추고 있다는 고등학생인 우리 학생들도 마찬가지다. 순순히 따르지 않는 친구들은 "쟤 웬 잘난 체?" 하며 매도하는 일이 다반사이다.

저자가 말하는 설득은 첫술에 배부르지 않는다는 전제를 한다. 자기 중심적 사고에서 벗어나라는 경고다. 상대를 인정해야 하기 때문에 신중하고 진솔한 태도를 요구하는 것이다. 그래서 강조하는 기본이 신뢰성이다. 내가 상대에게 신뢰를 얻기 위해서는 경쟁력, 인격, 카리스마를 갖춰야 한다고 말한다. 전문적 지식으로 상대보다 더 나은 실력을 갖춰야 하며, 도덕성과 정직성을 갖추는 것은 물론이고 열정, 에너지를 가지고 있을 때 신뢰를 끌어낼 수 있다는 것이다. 이런 자세를 가지고 설득에 임할 필요가 있다는 저자의 논리는 수평적 인간 관계를 지향하는 우리들 사이에서 올바른 소통을 할 수 있을 것으로 확신한다.

커뮤니케이션과 관련해 자기 생각 펼치기

　'교육이란, 그 대상으로 하여금 세상을 배우기 위해 자신 안에 있는 자질을 스스로 꺼낼 수 있게 해 주는 것이다.'

　'educate'의 라틴어 어원인 'educare'가 의미하는 바를 저자는 이렇게 해석한다. 그렇다면 교육은 말하기다. 무슨 말을 하느냐? 밖에서 안으로 들어오는 경험과 지식이 내 안의 잠재능력과 만나 새 지식으로 만들어지는 것을 표현하는 것이다. 내 전공을 통해서, 내 일터에서, 아니 내 삶의 전반에 드러내 세상과 소통하는 것이다. 내가 가진 것은 누구에겐가 반드시 큰 필요가 있다. 꺼내 놓을 때 큰 필요를 충족할 기회를 잡는 것이다. 특히 요즘은 발산하는 것이 능력으로 평가된다. 독특한 의상으로 응원하는 '응원녀'나 막말을 해서 인기를 끄는 개그맨도 표현을 통해 막혀 있던 고정관념들을 뚫어 나가고 있다. 어디 그뿐이랴. 아고라나 트위터, 미투데이처럼 요소요소에 소통의 도구들이 즐비해 있는데 게으름 탓에 자신이 가진 자원을 필요한 사람들에게 말하거나, 글로 표현하지 못하고 있는 것이다.

　학교현장에서는 이제 체험활동의 중요성을 강조하고 있다. 나는 빠지고 지식만을 표현하던 과거와 달리, 몸과 마음과 지식을 함께 아울러 표현하자는 움직임일 것이다. 저자가 깊은 신뢰를 확보하기 위해 다양한 체험활동은 경쟁력을 갖추고 인격을 성숙시켜 카리스마 있는 내공을 쌓자는 의도이다. 그래서 나를 표현할 때 가질 사람과 줄 사람이 만나 소통하자는 것이다.

　나는 인테리어 디자이너를 꿈꾸기 때문에 몸에 해롭지 않고 편안한 집을 구상해 표현하려 한다. 가전제품이 뿜는 기계음과 빛, 전자파,

똑같은 구조의 공간을 넘어서서 잠잘 때 신경을 거스르지 않는 숙면 공간과 습도조절이 가능한 실내 조경 인테리어를 멋지게 구상하고 있다. 내 아이디어의 표현은 많은 사람들이 절실하게 원하는 충분조건이 될 것이라고 확신한다. 그래서 내가 갖춰가야 할 것은 신뢰다. 그래야 빈 곳을 채우고 나도 채워질 것이기 때문이다.

내가 읽은 커뮤니케이션독서

주요내용:

인상 깊은 부분과 이유:

나의 커뮤니케이션과 관련해 더 관심 갖게 된 분야(부분):

독서멘토링 3단계 체험 교감하기

생각을 온몸으로 체감하기 ------------------------------ ●

체험 교감

☺ 자기소개서 작성하기

☺ 추천서 작성하기

☺ 자서전 작성하기

☺ 3분 스피치하기

자기비전 디자인하기 ---------------------------------●

나의 커뮤니케이션과 관련해 독서 포트폴리오 만들기

독서 포트폴리오

☺ 이 책을 읽게 된 동기, 계기를 나의 커뮤니케이션과 관련해 적어 보자.

☺ 이 책의 줄거리를 간략하게 소개하고, 특히 인상 깊었던 부분과 이유를
나의 커뮤니케이션과 관련지어 정리해 보자.

☺ 이 책을 접하기 전과 후의 변화과정을 나의 커뮤니케이션과 관련지어
정리해 보자.

☺ 이 책에 대한 평가와 이 책을 통해 더 관심 갖게 된 분야, 그리고 더 읽
어 보고 싶은 책을 나의 커뮤니케이션과 관련지어 정리해 보자.

『우리 문장 쓰기』 이오덕

동기

나는 사람의 마음을 잔잔하게 울리는 글을 쓰고 싶다. 권정생 선생님이나 황석영 선생님처럼 가볍지도 무겁지도 않으면서 애절하게 우러나는 그런 글. 그래서 글쓰기 책을 찾아보았지만 작문에 대한 자세한 설명이 있는 책을 아직 만나지 못했다. 우선 기초적인 문장 실력을 갖추기 위해 오래 전에 어머니께서 보셨던 『우리 문장 쓰기』를 읽게 되었다.

줄거리

『우리 문장 쓰기』는 다소 완고하고 깐깐하신 이오덕 선생님의 글이다. 그렇게 느낀 까닭은 시종일관 글은 우리말로 써야 한다고 강조하면서 흔히 쓰는 중국·일본·한자어들을 일일이 우리말로 고치도록 지적하고 있어서이다. 순 우리말이 아닌 글은 공해라고 하며 정화되지 않은 채 글을 쓰는 사람이 너무 많아 정신을 어지럽게 하는 시대가 요즘이라고 비판하는 내용이 자주 나온다. 그래서 평생 책은 단 한 권만 내는 것이 참 좋다며 이렇게 또 책을 내는 것이 망설여지지만 제대로 된 글쓰기를 위해 붓을 들었다는 뜻을 내비친다. 흔히 많은 사람들이 말보다 글은 어렵고 유식하게 보이기 위해 한자나 영어를 섞어가며 쓰기를 좋아한다. 하지만 저자는 그런 태도에 대해 노골적인 불편함을 말하며 글과 말은 하나이고, 글을 쓸 때도 말을 할 때처럼 쉬운 우리말로 풀어서 써야 한다고 강조한다. 왜냐하면 말이나 쓰기는 소통의 목적을 가지고 있으므로 글이 어려우면 읽는 사람에게 뜻이 제대로 전달되지 않아 오히려 유식함의 가치가 떨어진다고 주장한다. 이오덕 선생님은 책을 통해 중국한자를 섞어야만 뜻이 제대로 통한다는 우리의 잘못된 생각을 지적한다. 오랜 세월 익숙해진 한자말은 우리말이 가진 부족한 점을 보완하기 위함이라고 많은 사람이 생각하지만 이 책에서는 예시문을 조목조목 들어가며 우리글만으로도 충분히 맛깔스럽고 멋스러운 글을 쓸 수 있다고 강조한다.

글쓰기는 자기를 나타내는 것으로 모든 글은 삶이 바탕이 되어야 한다는 한결같은 생각은 일하는 사람들이 글을 살리고 말을 살릴 수 있다는 결론에 도달하게 한다. 땀 흘리는 속에서 진정성 있는 작품이 나오며 그 자체가 문학으로서 가치를 갖는다. 겨레의 말과 글에서 떠나 있는 우리 문학을 살리고, 점점 더 오염시키고 있는 오락물로서의 문학이 구원을 받을 수 있는 길 역시, 농사하며 말하고 속삭이고 의논하고 하소연하는 풍성한 말들을 적어 보이는 글을 쓰는 것이라고 못을 박는다.

'오직 살아있는 우리말로 쓰는 글! 삶이 담기고 생각이 담기고 말하기처럼 자연스러운 글' 이 이오덕 선생님의 글쓰기 지론이다.

인상 깊었던 부분과 그 이유

두꺼운 책을 끝까지 읽으면서도 내내 마음에 걸렸던 문제는 '순 우리말로 표현하기' 이다. 사례를 보면 가능할 것 같지만 이미 한자말에 익숙해진 지금 우리말로 표현하는 것이 이렇게 어려울 줄 몰랐기 때문이다. 사실 한자말을 우리말로 바꾸려 해도 어휘가 생각나지 않아 바꿀 수 없다. 가정 통신문이나 관공서에서 나온 안내문을 읽을 때 지나치게 한자가 많이 섞여 이해되지 않는 것도 문제지만 이오덕 선생님의 말대로 일일이 우리말로 바꿔 쓰는 일도 만만치 않아서 긍정은 되지만 은근히 짜증도 났다. '초미의 관심사: 매우 급한 관심거리, 호재: 좋은 재료, 진로: 나갈길' 등 우리말로 고쳐 문장을 감상해 보면 훨씬 부드럽고 정감이 가는 것은 사실이다.

이렇게 우리말과 한자말을 구분 없이 쓰는 딱딱한 내 글 버릇이 들어 있는 글쓰기 방법을 어떻게 고쳐야 할지 막막하기만 하다.

이 책을 읽고 변화된 생각

『우리 문장 쓰기』를 읽고 한동안은 교과서나 신문을 읽을 때 한자말에 대한 거부감이 생겼었다. '체류'를 '머물러'로 바꿔도 될 텐데, '차질'을 '어긋남'으로 바꾸면 부드러운 느낌이 날 텐데 하면서 나름대로 연구하는 버릇이 생긴 것이다. 이렇게 우리말을 사용해 글을 쓰면 정말로 살아있는 글이 될 것 같다. 보통 글쓰기를 하려면 표현을 더 근사하게 하려고 어려운 단어를 찾아 꾸미는데 한자어를 써서 많이 아는 듯한 인상을 주려고 하기 때문에 글이 딱딱하고 재미없어지는 것을 알면서도 그런 글을 써왔다. 한자어는 유식하고 우리말은 무식하다는 생각을 하는 것은 나뿐 아니라, 대부분의 사람들이 하는 생각일 것이다. 그래서 이오덕 선생님은 쉽고 자연스러운 글을 쓰라고 강조하는 것이다. 서정오 선생님이 쓴 『우리 옛이야기 백 가지』나 권정생 선생님의 『몽실언니』, 『한티재 하늘』 등은 한자말보다 우리말을 더 많이 살려 쓴 책들이다. 한 문장 한 문장 읽을 때마다 박자를 타는 듯한 문장, 숨을 쉬는 것처럼 자연스럽게 읽히는 두 분의 글은 이오덕 선생님이 말하는 그런 글이라고 느껴진다.

작가가 되고 싶은 나로서는 나만의 맛이 나는 글을 쓰고 싶었다. 그런데 이 책을 통해 구체적인 가닥을 잡았다. 이오덕 선생님의 충고대로 지금부터라도 우리말에 대한 생각을 가지고 우리말을 살려 쓰는 글쟁이가 될 것이다. 생각은 행동을 낳고, 행동은 습관을 낳는다고 했으니 시작이 중요하다. 시간이 지남에 따라 펼쳐가는 이야기를 글로 적는 서사문 쓰기로 시작해, 자기 생각이나 주장이 나타나서 남들과 살아가는 일상적인 이야기 거리를 하나씩 쌓아 가다 보면 우리글을 살릴 수 있어 소소한 재미가 묻어날 것이고, 읽는 이들과 마음을 나누게 될 것이다. '아, 이 글은 누구의 글!' 이라고 단번에 알아 챌 수 있는 친근한 글쟁이가 되어 문학으로 세상과 소통하는 사람이 될 준비를 하고 있다.

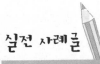

실전 사례글

『지도 밖으로 행군하라』 한비야 외 1편

자기주도학습전형 − 외고 지원자−

한비야 씨의 『지도 밖으로 행군하라』라는 책은 무척 감명 깊게 읽은 책이다. 끔찍한 현장 설명글 중에 아이들에게 독초를 먹일 수밖에 없는 엄마와 여성 할례의 희생자가 된 소녀들의 고통을 읽을 때는 소름이 끼칠 정도였다. 열악한 환경에서 보탬이 되고자 하는 작가의 봉사정신은 본받고 싶을 만큼 존경스러운 모습이다.

그리고 책에서 소개하는 봉사하는 아름다운 이들의 모든 모습에서 배울 점이 많다. 온전히 자신들의 선택으로 어려운 고비를 넘기면서까지 그들은 그 일을 해낸다. 그리고 행복해한다. 그 일이 '가슴을 뛰게 하고 피를 끓게 하는 일'이기 때문일 것이다. 다행한 것은 나도 이들처럼 가슴을 뛰게 하고 피를 끓게 하는 일을 발견했고, 그 각오 또한 되어 있다. 그 길을 가기 위해서는 무엇보다도 내 안의 생각을 다른 사람들에게 떳떳하고 당당하게 드러내는 습관이 중요함을 알게 되었다.

또 자기를 표현하는 방법을 아는 한 권의 책을 권하고 싶다. 미하엘 엔데라는 작가가 쓴 『모모』라는 책이다. 이 책은 모모라는 소녀의 이야기인데, 남의 말을 잘 들어주는 재주를 가지고 있다. 별 거 아니라고 생각할지도 모르지만 모모에게 이야기를 한 사람들은 스스로 해결책을 찾을 뿐만 아니라, 서로 싸웠다가도 화해하고 돌아간다.

요즘 사회의 사람들은 다른 사람들의 이야기를 들어주기는커녕 자기 말만 하기 바쁘다. 일방적으로 주는, 혹은 받기만 하는 의사소통에 익숙해져 있어서 일 것이다.

나는 모모가 참 부럽다. 잘 들어주는 사람은 흔하지 않을뿐더러, 친한 친구라도 마음이 잘 맞지 않는 경우가 많기 때문이다. 나 또한 사람들의 이야기를 잘 들어주는 편이다. 몇 달 전, 친한 친구가 가정사로 고민이 있다면서 나를 찾아왔다. 보통 일이 아니라 섣불리 뭐라 말해 주기엔 너무 큰 문제이기도 하고, 위로해 주는 데에 익숙하지 못해서 가만히 들어주기만 했다. 그래도 친구는 들어주는 것만으로도 도움이 되었다면서 고맙다고 했다.

　남의 이야기를 들어줄 때 그 사람에 대해 더욱 많은 것을 알게 된다. 또 그 사람에게는 안도감이나 후련함 등도 줄 수 있을 것이다. 모두가 다른 사람의 이야기를 잘 들어준다면 얼마나 행복할까! 서로서로 고민을 털어놓고 들어주면서 더욱 가까워지고 마음이 든든해지는 건 생각만 해도 기분이 좋다. 들어주기가 내가 사람들에게 나를 알릴 수 있는 큰 통로라는 것을 발견했다.

『네가 별이었을 때』 한수산 외 1편

입학사정관전형 −언론정보학부 지원자−

　제가 가장 감명 깊게 읽은 책은 한수산의 『네가 별이었을 때』와 스펜서 존슨의 『선물』이란 책입니다. 한수산의 작품은 제가 중학교 올라와서 처음으로 접해 본 소설이라 그런지 여태까지 읽은 책들 중에 가장 기억에 남습니다. 이 책은 주인공 ‘다리’의 시각으로 본 세상을 이야기한 책으로 ‘다리’는 한없이 순수한 영혼을 가지고 있습니다. 읽으면서 제가 어렸을 적의 생각과 다리의 생각이 일치하는 부분이 많아 공감이 가는 내용이 많았습니다. ‘세상은 정말 거짓된 생활의 연속이다.’ 라고만 생각했던 저는 이 책을 통해 세상의 부정적인 면을 주로 보았던 제 자신의 삶을 반성하게 되었고, 사물을 밝고 긍정적인 시각으로 바라볼 때 진정한 소통이 가능하다는 사실을 깨닫게 되었습니다.

　스펜서 존슨의 『선물』이란 책은 고등학교 때 입시문제와 성적문제로 방황하고 있던 저에게 친구가 선물해 준 책입니다. 이 책에서 제가 가장 감명 깊게 읽은 내용은 '현재 속에 존재한다는 것은 잡념을 없앤다는 뜻이다. 그것은 바로 지금 중요한 것에 관심을 쏟는다는 뜻이다. 우리가 무엇에 관심을 쏟는가에 따라 소중한 선물을 받을 수도 있고 받지 못할 수도 있다.' 라는 글이었습니다. 이 글을 읽고 저는 그때부터 저의 관심사에 대해 깊이 생각하고 찾는 노력을 기울였고, 마침내 그 일을 찾고 나서는 그것에 온 집중을 쏟으며 생활하게 되었습니다. 과거로부터 배움을 얻고 현재에 충실하며 미래를 준비해야 한다는 이 책에서의 말과 같이 저도 과거의 잘못된 일로부터 배움을 얻고 지금 가장 중요한 일에 집중하고 있으며 더 나은 미래를 위해 노력할 것입니다.

더 읽어 볼 책

도서명	저자
글쓰기의 공중부양	이외수
이공계 글쓰기 달인	김규태 외
뱀의 뇌에게 말을 걸지 마라	마크 고울스톤
적을 만들지 않는 대화법	샘혼
나를 일깨우는 글쓰기	로제마리 데 올리보

멘토링
상담 사례글

상담학생 **중학교 3학년**

장래희망 **수학 교사**

상담내용 **입학사정관제전형으로 대학을 가려면, 지금부터 구체적으로 무엇**
을, 어떻게 준비해야 하는 것인지요?

수학 · 과학 경시대회를 준비 중인데, 경시대회 준비계획서 같은
포토폴리오도 작성해야 하나요? 학교에서 시 · 도 과학 경시대회
를 대비해 준비시키는데 이런 내용도 포트폴리오가 되나요?

M **멘토링**

입학사정관제로 대학을 가려면 지금부터 포트폴리오 작성을 권합니다. 포트폴리오는 나만의 잠재가능성을 객관적으로 드러내는 평가지표의 글쓰기이기 때문입니다. 따라서 나의 꿈과 비전을 향해 갈고 닦은 실력은 무엇이든 포트폴리오로 남겨야 합니다. 학생의 경우 경시대회 준비계획서 및 경시대회를 준비하면서 겪었던 점, 느낀 점 등을 일기처럼 작성해 포트폴리오화한다면 좋은 자료가 될 것입니다.

포트폴리오는 대략 다음과 같이 나눌 수 있습니다. 포트폴리오는 교과활동, 비교과활동, 특기능력, 나를 소개하는 글 등으로 나눌 수 있습니다.

• 교과활동 : 내신 또는 모의고사는 성적이 고학년으로 갈수록 향상된 것을 나타내 보이면 좋습니다. 특히 학생의 경우는 수학 교사가

꿈인 만큼, 수학은 지속적으로 좋은 성적을 유지해야 합니다. 그리고 수학공부를 하면서 흥미를 느낀 점이나 호기심을 갖게 된 부분 등, 수학교육에 관심과 열정을 보이는 것도 중요합니다.

- 비교과활동 : 봉사활동, 동아리활동을 하면서 겪었던 점, 느낀 점을 정리해 둡니다. 학생의 경우 '수학탐구반' 같은 동아리활동을 꾸준히 하면서 실력을 쌓고, 그 능력을 봉사활동과 연계하는 것도 좋습니다. 가령 학교 안에서는 수학을 어려워하는 후배들에게 수학멘토 역할을 할 수도 있으며, 학교 밖에서는 봉사단체에서 운영하는 공부방에서 수학멘토 교사 역할을 하는 것도 좋습니다.

- 특기능력 : 전공과 연계된 각종 경시대회 수상 실적, 교육청 또는 교육과학기술부의 실적 등을 차곡차곡 포트폴리오합니다. 입학사정관제에서는 각종대회 시상결과도 중요하지만, 그보다는 어떤 동기로 어떤 목적이나 목표를 가지고 자기주도적으로 특기활동을 꾸준히 했는가를 더 중요하게 평가합니다.

- 나를 소개하는 글 : 자기소개서도 평소에 틈틈이 작성해 보아야 합니다. 소개서는 자기를 자랑하는 것은 맞지만 평가자가 듣고 싶어하는 부분을 드러내야 합니다. 따라서 기존의 시간적 서술의 자기소개보다는 비전을 돋보이게 하는 공간적 서술의 기술이 필요합니다.

다음은 입학사정관제와 관련해 본인이 놓치지 말아야 할 것들을 정리한 것입니다.

- 봉사활동은 방학이나 주말을 이용해서 지속적으로 하기 바랍니다.(봉사활동은 자신이 가진 것을 주면서 자기계발은 물론이며 배려심, 이타심, 사회적 책임감 등 인성교육이 이루어지므로 점차 그 중요성이 강조되고 있습니다.)

- 봉사활동을 하고 나서 이력을 만들기 바랍니다.(시간, 장소, 느낀 점 등)

- 각종 경진대회 및 인증시험은 저학년 때부터 체계적으로 준비하기 바랍니다.(한자, 정보처리, 토익, 등 인증시험은 학생의 개인 역량을 측정하는 도구로 활용됩니다.)

- 자기소개서와 학업계획서는 진실하고 일관성 있게 준비합니다.(입학사정관들이 가장 중요하게 판단하는 자료 중 하나인 '자기소개서'와 '학업계획서'는 학생의 과거와 현재 그리고 미래의 모습을 들여다 볼 수 있는 중요한 성적표라는 사실을 기억해 두기 바랍니다.)

- 독서, 체험학습, 동아리활동, 학습 등 모든 활동은 기록물로 남겨야 합니다.(입학사정관은 학생이 남긴 자료를 검토하고 나아가서는 면접을 통해 하나하나 검증한다는 것도 잊어서는 안 됩니다.)

상담학생 고등학교 1학년

희망학교(학과) 및 장래 희망 신문방송학과, 언론정보학과 / 드라마 PD

주요스펙 중학교 3년 방송부 활동, 백일장 산문부문 2회 수상, 학교 공로상
수상

상담내용 고등학교 입학성적은 반등수 5등으로 외국어와 사회 과목은 자신 있
지만 수학은 어려워합니다. 현재 저는 학교에서 기자 임명을 받아 교
지 제작팀에서 활동하고 있습니다. 저희 학교가 독도 지킴이 거점 학
교라서 앞으로 독도 지킴이 활동과 관련된 활동을 할 것입니다. 또
한, 과학의 날 과학도서 독후감 대회 등에 참여할 예정이고 다른 글
쓰기 대회 같은데도 적극적으로 참여하려 합니다. 이런 활동으로 입
학사정관제를 준비해도 되는 것인지요?

입학사정관제는 아무나 다 지원할 수 있는 전형이 아니라는데, 저는
이런 경험들이 있으니 자료를 모으고 준비를 하면 입학사정관제전형
이 가능할까요?

M 멘토링

입학사정관제는 어느 특정분야에 두각을 나타내는 학생을 선발하는
특기자전형과는 다릅니다. 기존의 교과 성적만으로는 그 학생의 전
공적합도와 잠재가능성을 평가하는 데 한계가 있어, 성적의 개념을
다양화하자는 것이 입학사정관제 도입 취지입니다. 따라서 입학사정
관제는 일부의 고입이나 대입의 선발제도를 넘어서 글로벌 시대에

국가와 사회에서 필요한 인재를 길러내자는 교육의 흐름이기에 모두가 준비해야 합니다.

먼저 학생은 PD가 되는 목표가 확실하기 때문에 남들보다 입학사정관제를 준비하기 쉬울 것 같다는 생각이 듭니다. 문제는 입학사정관제와 관련해서 자신을 알려야 할 포트폴리오에 들어갈 내용이 많이 부족하다는 것입니다. 하지만 목표가 있기 때문에 앞으로 3년 동안 꾸준하게 준비한다면 안 될 것도 없겠지요.

앞으로 학생이 준비해야 할 중요 부분입니다.

- 진로 및 입학 하고자 하는 대학의 목표를 세웠기 때문에 관련된 대학의 자료를 수집하는 게 가장 우선입니다. 간혹 대학에서 입학사정관제와 관련된 세미나 및 홍보자료를 만드는 데 자료 및 행사를 통해 정보를 최대한 수집하기 바랍니다.

- 전공과 관련된 대회 및 독서 또는 봉사활동을 최대한 많이, 그리고 꾸준하게 참석해야 합니다. 참석 후에는 이력을 만들어야 합니다. 이력이라 하면 대회에 참석하게 된 계기, 준비하면서 느낀 점, 경진대회에 참석해 나에게 영향을 끼친 점이라던가, 앞으로의 목표 등. 이런 것들을 잘 정리하면 좋겠습니다.

- 학교 방송 동아리활동을 한다면, 역할 및 각종 행사를 준비하면서 어려웠던 점, 또 어려웠지만 내가 해결했던 일들을 정리해 이력화 한다면 좋을 것 같습니다. 내가 방송반의 대표가 아니더라도 맡은 일에 대해 주도적으로 아이디어를 내 기획했거나, 문제점이 있으면 개선하기 위한 노력과 결과 등도 동아리 활동을 하면서 내세울

수 있는 리더십입니다.

- 독서는 전공과 관련한 도서를 구매해 읽게 된 계기, 기간, 느낀 점, 주요내용, 인상 깊은 부분, 독서 이후 나에게 영향을 미친 점 등을 정리해 꾸준하게 작성하기 바랍니다. 독서는 중요한 스펙입니다. 선정 단계에서부터 책을 읽게 된 목적이나 동기가 자기주도적일 때 나의 삶을 변화시킬 수 있으며 독서 효과를 제대로 낼 수 있습니다. 이 책으로 인해 변화되어 가고 있는 실천적인 행위가 드러나도록 작성하는 것이 좋습니다. 특히 PD가 꿈이라면 전공을 포함한 다양한 분야의 독서가 필요하면서 나만의 색을 낼 수 있는 개성도 있어야 합니다. 내게 맞는 분야도 찾으면서 연관된 분야로 확장해 갈 수 있도록 고민하며 독서하는 것이 좋겠습니다.

Q 상담 사례 3

상담학생 해외 대학1년 재학 경력 있으며, 한국외대 글로벌인재전형 준비 중

희망학교(학과) 및 장래 희망 신문방송학과, 언론정보학과 / 드라마 PD

주요스펙 플렉스 시험점수 1310대, DELE 중급 자격증, 대안교육 수료증과 자격증

상담내용 입학사정관제에 대해서 알아보니 자기소개서뿐만 아니라 추천서, 자격증, 봉사활동에 대한 경험 등 다양한 것이 필요하다고 합니다. 또 면접도 해당 외국어 관련 시험도 보지만 인적성도 본다고 하니 이 부분에 대해서는 면접 준비를 정확히 어떻게 해야 할지 감이 잘 안 잡

힙니다.

저는 해외에서 약 10년 거주했고(중·고등학교 + 대학 1년), 작년 1년간 대안학교 세 군데에서 자원교사활동을 했으며, 그 전에는 작은 병원에서 자원봉사를 했고 현재는 BBB라는 전화통역자원봉사자 활동을 하고 있습니다.

이 외에도 다양하게 경험한 것들이 있는데 어떻게 정리를 해야 할지 잘 몰라 조언을 부탁드립니다.

Ⓜ 멘토링

한국외대 입학사정관제에서 중점을 두는 것은 사회 리더로서의 소양, 창조적 능력 등의 잠재력입니다. 지난 수시에서 경영학부에 지원했던 학생은 국내 및 해외 빈곤 지역을 찾아 꾸준히 봉사활동을 했는데, 사회에 대한 헌신과 국제 사회에서의 리더로서의 소양을 키워 온 점이 인정되어 경영학부에 합격했습니다.

한국외대의 글로벌 인재전형은 외국어에 특별한 소질이 있는 학생을 대상으로 글로벌적인 사고와 도전정신이 넘치는 학생을 선발합니다. 1단계에서는 기존의 외국어 능력시험 성적을 반영하던 방법 대신, 학생부 영어 교과 및 비교과가 66.7% 반영되며, 외국어 학습활동 보고서가 33.3% 반영됩니다. 2단계 면접에서도 외국어 면접이 아닌, 한국어로 심층면접을 진행합니다.

입학사정관들은 서류심사에서 진실성과 신뢰성이 담보된 자기소개서·수학계획서·생활기록부·환경과 경험이 포함된 교내외 활동상황·학교의 추천서 등을 비중 있게 반영하고 있습니다.

학생은 먼저 글로벌인재전형 지원 자격이 되기 때문에 포트폴리오를 준비하기 바랍니다.

- 자기소개와 학업계획
- 봉사와 독서경험
- 자신의 특정 분야의 소질을 증명할 수 있는 실적에 관한 서류 등

올해 수시모집은 입학사정관제 전형이 확대됨에 따라 자기소개서나 외국어 학습활동 보고서, 고교활동 보고서 등의 제출 서류가 요구되며, 자기소개서의 경우 자기 신뢰성을 바탕으로 개성 있고 솔직하게 자신의 특징을 구체적으로 기술하는 것이 좋습니다.

먼저 자신의 꿈은 무엇이고 그 꿈을 이루기 위해 어떠한 노력을 했는지, 그리고 스페인학과를 지망해 앞으로 진학 이후 학업계획은 어떤지, 봉사활동은 왜 했는지, 지원학과는 봉사활동과 어떠한 연관성이 있는지를 점검하고 그 내용을 서류에 반영해야 합니다.

심층면접은 전공 교수에 의해 실시하는데 서류의 진실성, 전형에서 요구하는 인재상 및 각 모집단위에 부합된 인재를 선발하는 데 중점을 두고 있습니다. 심층면접에서는 가치관, 논리적 사고력, 자기소개서의 진실성, 대학수학능력평가가 주된 평가요소입니다.

상담학생 고등학교 2학년

희망학교 및 학과 연대, 이대 약학계열 학과

상담내용 입학사정관제전형으로 대학을 가고 싶은데 대학에서 요구하는 스펙
다운 스펙이 없고, 어떻게, 무엇을 준비해야 할지 잘 모르겠습니다.
이제 기간은 1년밖에 남지 않았는데 지금 준비해도 가능한지요?

M **멘토링**

입학사정관 전형을 준비하는 고1, 고2 학생

입학사정관들은 학생부에 기록된 학생의 교과활동(내신)과 다양한
비교과활동(동아리, 봉사, 독서, 체험 등)을 중요한 전형자료로 평가합
니다. 지원자의 특기 능력, 적성이나 소질, 학업능력, 창의성 등 오늘
날의 변화된 환경에 맞는 학생들을 선발하기 위한 목적 때문입니다.
따라서 학교보다는 자신에게 맞는 학과의 '전공적합도'를 고민하는
것이 우선일 것입니다.

• 주말이나 방학을 이용해서 봉사활동을 꾸준히 해 목표로 하는 전
공과 자연스럽게 연결되도록 하는 것이 좋습니다. 봉사활동을 하
면서 증거자료, 사진, 봉사를 다녀온 후 느낌을 일기형식으로 꾸준
히 정리합니다.

• 과학 분야에 대한 남다른 열정을 가지고 교내 과학탐구, 경진대회
에 참가해 실적을 쌓는 것도 좋지만, 발전가능성을 제시하는 게 더

욱 좋습니다.

- 과학 관련 동아리에 가입해 활동 계기, 역할, 활동을 통해 느낀 점 등을 포트폴리오화한다면 좋은 자료가 될 것입니다. 대학이 관심 갖는 동아리는 취미활동보다, 특기나 적성을 계발할 수 있는 동아리이며 대학에서 배우고 싶은 전공과 관련된 동아리를 선택해서 관심과 능력이 있음을 입증하는 것이 좋습니다.

- 3학년 1학기 내신 및 모의고사 성적이 중요하며, 수학·과학 과목에 더욱 신경을 써야 합니다. 입학사정관제도 교과 성적이 매우 중요합니다. 무조건 주요과목 위주로 내신관리를 하지 말고 자기가 좋아하는, 꿈과 관련 있는 과목의 성적에 대한 전략이 필요합니다. 그런 의미에서 약학계열에 지원을 희망한다면 위에서 말한 수학과 과학 성적이 지속적으로 올랐다면 유리할 것입니다. 특히 의존적 공부보다는 자기주도적 학습을 높이 평가하는데, 공부하는 과정이 중요하므로 목표를 향해 어떤 노력을 했는지 구체적으로 드러내면 좋습니다.

  이화여대의 경우, 지역우수 인재전형에서 고등학교 교육과정에서 자기주도적 노력으로 역량을 발전시킨 학생을 발굴하기 위해 신설된 제도가 있습니다.

- 스펙을 준비할 시간적 여유가 많지 않기 때문에 전공 관련 독서 및 봉사, 동아리 위주의 활동으로 준비하는 게 좋습니다.

상담학생 고등학교 2학년

희망학교 및 장래희망 연세대, 고려대 경영학과 /CEO, 마케팅 전문가

주요스펙 전국수능모의고사 학력우수상, 교내 우등상, 영어토론대회 장려상,
G20정상회의 영어·불어 통역봉사, 고대 경영캠프-최우수발표상 및
창의적 아이디어팀상, 한국은행 경제학습-고등과정1년 수료 및 e-
test 합격

상담내용 수시합격을 위해 준비해야 할 부분과, 보충해야 할 것이 있다면 어떤
것인지요? 또 논술·면접 시험은 어떻게 준비를 하면 되는지요?

M 멘토링

• 수시 논술에서 서울대는 언어·사회 통합 1개의 논제를 출제하며,
제시문 4~5개에 단일논제를 제시해 다양한 조건을 충족시키도록
하는 종합적 논제유형입니다. 연·고대는 언어·사회·수리 통합
2~3개 문제로 논리추론 등 수리적 사고능력을 평가합니다. 수능에
서도 현재의 모의고사 성적인 언·수·외가 1등급이고, 논술이 평
균 정도만 된다면 연·고대는 가능합니다.

자기소개서에는 지원동기와 진로계획 중심, 선발이유 기술, 모집단
위 관련에 있어서 남다른 노력과 준비과정, 소신과 열정을 작성합
니다. 또한 교내외 수상실적, 외국어성적 인증 등이 필요했던 이유
와 동기, 그 결과물을 얻기 위해 기울인 노력과 그 과정 속에서 나
타난 지원자만의 상대적인 비교우위, 학교의 정상적인 교육과정 속

에서의 참여와 협동, 성적 추이 등이 드러나도록 써야 합니다.

- 현재 고등학교 2학년이고, 수시모집에 지원하려 한다면 추가적인 스펙보다는 모의고사와 내신관리가 더 중요합니다.
- 독서는 전공과 관련한 책을 읽게 된 계기, 기간, 느낀 점, 주요 내용, 인상 깊은 부분, 독서 이후 나에게 영향을 미친 점 등을 정리하는 것이 좋습니다. 전공관련 독서가 필요한 것은 독서를 얼마나 했느냐를 평가하는 것이 아닌, 왜 했느냐가 중요하기 때문입니다. '정성평가'는 지원자가 활동을 통해 변화된 과정을 중심에 둡니다. 그래서 독서가 나의 어떤 부분에 영향을 미쳤고 그로 인해 어떤 변화와 성장을 가져왔는지를 평가하기 위해서입니다. 전공독서는 지원자가 자신의 꿈을 위해 노력한 과정, 고민 등을 담아낼 수 있으며 입학사정관이 지원자의 가치관이나 전공관을 평가할 수 있는 자료가 될 수 있습니다.
- 주말이나 방학을 이용해서 봉사활동을 하고 나서 시간, 장소, 느낀 점 등 이력을 만들기 바랍니다. 봉사는 지속적으로 활동하고 있는가가 매우 중요합니다. 공신력 있는 기관의 봉사도 좋지만 스스로 필요에 의해 찾아서 한 사소한 일도 꾸준하게 실천하고 있다면 인성적 활동이라 할 수 있습니다.
- 자기소개서는 성장과정, 장점, 단점 및 극복노력, 의미 있는 경험 등 진실하고 일관성 있게 준비하기 바랍니다.

Q 상담 사례 6

상담학생 중학교 3학년

거주지역 경기도 안양시

희망학교 및 장래희망 용인외고, 지구환경과학과 / 제품디자이너

주요스펙 TEPS 743, 안양시 수학경시대회 장려상, 언어인증 3급, 한국사 4급

상담내용 용인외고 자연계열 진학을 고려하고 있습니다. 주요과목 내신은 3% 입니다. 수학과 과학관련 스펙이 부족하고 미래 진로계획이 불투명한데 지원서 작성이나, 면접에서 좋은 점수를 얻으려면 어떻게 해야 할까요?

M 멘토링

- 용인외고는 올해부터 전국으로 모집단위가 바뀌어 경쟁이 치열할 것으로 예상됩니다. 1단계는 내신, 서류로 2배수 선발하며 인성면접, 심층구술면접을 보게 됩니다.

- 지원동기는 면접과 밀접한 관계가 있으므로 지원할 학교나 자신의 전공에 대해 어느 정도 기초지식을 갖추었는지를 봅니다. 체험적이고 구체적인 예시를 넣어 기술하는 것도 방법입니다.

- 학업계획서는 자신의 장점을 보여주는 데 초점을 두고 경험했던 모든 것을 담담하게 서술하는 것이 좋습니다. 인성면접은 서류검증 수준이고, 심층구술면접 즉, 2-2단계 면접은 글로벌 리더로서의 잠재력과 어학 능력을 갖춘 우수한 학생 선발을 위해 40~50분간 4명의 입학사정관이 질문하는 개별면접이며 자연계열은 수학적

사고력이 요구되는 답변을 요구하기도 합니다. 교과내용을 토대로 창의적이고 심층적인 내용을 물을 가능성도 있습니다.

- 주요과목 내신성적 외에 각종 경시대회나 영어인증시험성적 등은 반영이 안 되므로, 불필요한 서류는 제출하면 불이익을 당할 수 있습니다.

Q 상담 사례 7

상담학생 초등학교 5학년

희망학과 및 장래희망 미술, 건축가, 화가, 요리사

상담내용 초등학생의 경우 어떻게 꿈을 이루도록 지도해야 하는지요?

M 멘토링

- 진로에 대한 선택은 학생이 시간을 가지고 적성 등을 충분히 고려해 정하는 것이 바람직합니다. 꿈을 고정화하기보다는 다양하게 열어 두고 관찰하는 것이 필요합니다.

다양한 체험활동을 통해 사람, 사회, 자연을 이해하도록 도우면서 좋아하는 것, 더 잘하는 것, 가치 있게 여기는 것을 스스로 찾도록 하는 것이 좋습니다. 단기에 성과를 얻으려하기보다는 중장기적으로 학생이 스스로 꿈을 찾고 그 꿈을 이루기 위해 스스로 땀 흘리도록 돕는 부모의 역할이 필요합니다. 학년이 올라갈수록 더 빛나는 학생이 되도록 스스로 포트폴리오를 만들어가는 환경을 만들어 주기를 바랍니다.

- 주말이나 방학을 이용해서 봉사활동을 꾸준히 하면서 증거자료, 사진, 봉사를 다녀온 후 느낌을 일기형식으로 정리하는 것도 좋습니다. 사진은 외면의 성장을 볼 수도 있지만 포트폴리오는 내면의 성장을 알 수 있게 합니다. 체험활동을 통해 정신적, 지적 성장에 끼친 영향들을 솔직하고 구체적으로 진술해 저장해 둔다면, 학생 개인의 역사라는 측면에서 의의가 있습니다. 뿐만 아니라 자기소개서를 쓸 때도 충분히 준비된 글이 될 것입니다.

- 독서는 책을 읽게 된 계기, 기간, 느낀 점, 주요내용, 인상 깊은 부분, 독서 이후 나에게 영향을 미친 점 등을 정리하는 것이 좋습니다. 다양한 분야의 독서를 골고루 해서 나의 전공 적합도를 주도적으로 찾는 계기가 되도록 하고, 아울러 배경지식과 더 탐구해야 할 부분까지도 고민해 볼 수 있도록 합니다.

Q 상담 사례 8

상담학생 **중학교 1학년**

희망학교 및 장래희망 **과학영재학교, 민사고 / 비행기 · 함선 연구원**

주요스펙 **수학영재반**(교육청), **과학탐구 학교대표로 제출**(교육청)

　　　　IBT 90

상담내용 **특목고 입학을 위한 준비와 입학사정관제 유의사항 등에 대해 알고 싶습니다.**

- 민사고는 전과목 내신을 반영하며, 국어 · 영어 · 수학 · 과학 반영 비율이 높습니다.
  1학년 1학기부터 전반적으로 내신관리를 잘 해야 합니다. 과학고는 내신이 수학 · 과학만 반영하며, 2학년 1학기부터 해당과목의 내신이 1등급이 될 수 있도록 신경 써야 합니다.

- 자기주도학습계획서와 교사추천서를 제출하는 1단계 서류전형을 통과해야만 2단계 면접(자기주도학습전형)이나 과학캠프(과학창의적 인재전형)에 참가할 수 있게 됩니다. 과학캠프는 토론, 실험하는 형태로 진행되며, 모두 잘하려고 하기보다 특정분야에 확실한 자신감과 열정을 보이는 것이 중요합니다.

- 민사고는 서류전형 통과자에 한해 3차 체력검사가 실시됩니다. 남학생 4km 달리기(기준 시간 30분) 여학생 3.2km달리기(기준 시간 30분)

- 2011학년부터는 영재판별고사가 폐지되고 국,영,수 인증 성적표 제출도 금지되었습니다. 민사고 주최 대회 성적도 입학사정에 사용이 금지되는 대신 구술면접이 강화되었습니다.

- 자기소개서는 눈에 띄게 쓰는 것이 유리합니다. 서류와 인성면접만으로 치러지는 입학사정관제에서는 자기소개서만큼 중요한 게 없습니다. 무엇보다 내가 왜 이 학교에 입학해야 하는지 강한 인상을 심어주어야 입학사정관들의 이목을 사로잡을 수 있습니다.

- 주말이나 방학을 이용해서 봉사활동을 하고, 시간, 장소, 느낀 점 등 이력을 만들기 바랍니다.